COTIDIANO:

Conhecimento
e crítica

Dados Internacionais de Catalogação na Publicação (CIP)
(Câmara Brasileira do Livro, SP, Brasil)

Netto, J. P.

Cotidiano : conhecimento e crítica / J. P. Netto, M. C. Brant de Carvalho. — 10. ed. — São Paulo : Cortez, 2012.

Bibliografia

ISBN 978-85-249-1902-2

1. Escola marxista de sociologia 2. Fenomenologia existencial 3. Lukács, György, 1885-1971 4. Serviço social — Filosofia I. Netto, José Paulo. II. Título.

12-03570 CDD-361.001

Índices para catálogo sistemático:

1. Serviço social : Filosofia 361.001

José Paulo Netto
Maria do Carmo Brant de Carvalho

COTIDIANO:

Conhecimento e crítica

10ª edição
2ª reimpressão

CORTEZ EDITORA

COTIDIANO: conhecimento e crítica
José Paulo Netto
Maria do Carmo Brant de Carvalho

Capa: Cia. de Desenho
Revisão: Rinaldo Milesi
Composição: Fama Editoração Eletrônica
Coordenação editorial: Danilo A. Q. Morales
Assessoria editorial: Elisabete Borganni
Secretaria editorial: Priscila F. Augusto

Direitos para esta edição
CORTEZ EDITORA
Rua Monte Alegre, 1074 — Perdizes
05014-001-São Paulo-SP
Tel.: (11) 3864-0111 Fax: (11) 3864-4290
E-mail: cortez@cortezeditora.com.br
www.cortezeditora.com.br

Impresso no Brasil — fevereiro de 2017

Sumário

Nota à terceira edição

Quando, em princípios de 1987, preparamos os ensaios que compõem este pequeno livro, sabíamos que estávamos atendendo a uma demanda clara entre os assistentes sociais (mas que também existia em outras áreas das ciências sociais): a discussão sobre o *cotidiano* ganhava espaço e havia pouco material brasileiro incidente sobre a polêmica. Neste sentido, cabia inteiramente um volumito enfeixando dois escritos muito diferentes: um texto que derivava de um exercício acadêmico (o de Brant de Carvalho, inserido numa investigação patrocinada pelo CNPq) e outro, que não se propunha mais que ser um "ensaio de ocasião" (o de Netto). Numa palavra, nós pretendíamos tão somente oferecer uma contribuição conjuntural ao debate que então se adensava.

Compreensivelmente, fomos surpreendidos pela aceitação de *Cotidiano: conhecimento e crítica* — de fato, nunca pensamos que haveríamos de ter o prazer de vê-lo em terceira edição. A recepção que o livrinho continua a ter sinaliza muitas coisas — até mesmo o equívoco de nossas projeções sobre o futuro desses escritos —, e talvez a mais importante seja não só a continuidade da demanda original, mas, especialmente, a exigência de uma bibliografia rigorosa e atualizada.

Entretanto, nada modificamos nos textos originais: o conjunto sai em terceira edição sem qualquer alteração (conservado, inclusive, o generoso prefácio com que, em 1987, nos obsequiou Michael Löwy), exceto a correção de gralhas que escaparam nas edições anteriores. Ainda que considerando os avanços nesta área de pesquisa e o crescimento ponderável da bibliografia pertinente, julgamos que modificações significativas implicariam a redação de *outros* ensaios. E, como todo material posto à prova do juízo público, este também tem a sua história e as suas limitações — e não cremos de bom alvitre revisá-las, até porque continuamos acreditando na essência do que aqui foi explicitado.

José Paulo Netto
Maria do Carmo Brant de Carvalho
Rio de Janeiro/São Paulo, janeiro de 1994.

Prefácio

Maria do Carmo Brant de Carvalho é autora de trabalhos sobre os movimentos sociais urbanos, inspirados por um ponto de vista que rejeita a pretensa neutralidade positivista e toma partido pela auto-organização popular. José Paulo Netto é conhecido filósofo marxista e autor, entre outros escritos, de um notável livro sobre capitalismo e reificação. Vindos de horizontes diversos, mas partilhando uma visão crítica da realidade social contemporânea, eles reuniram, neste inteligente e útil livrinho, dois ensaios sobre a vida cotidiana. A forma ensaio, segundo a bela definição de Lukács, na *Alma e as Formas,* foge à "perfeição fria e definitiva" do sistema: forma aberta e inacabada, ela permite entretanto uma "reordenação inteligível" da vida. Este é o sentido que têm os dois trabalhos aqui publicados: provocar uma *abertura* da reflexão sobre a vida cotidiana, e não "fechar a questão" com uma formulação de tido sistemático.

Apesar da diversidade entre os dois ensaios, este livro apresenta uma evidente *coerência;* isto resulta do fato que tanto Maria do Carmo quanto José Paulo utilizam o mesmo enfoque metodológico e se referem à mesma corrente de pensamento: a tendência dialética/revolucionária dentro do marxismo, inaugurada por Lukács e continuada por Henri Lefebvre, Lucien Goldmann, Karel Kosik e Agnes Heller.

Para o marxismo vulgar — em suas várias versões: economicismo, materialismo abstrato, semipositivismo "científico", estruturalismo, stalinismo — a vida cotidiana não aparece como objeto digno de estudo. Impossível de enquadrar no sistema rígido das estruturas, ou no arcabouço esquemático da contradição entre forças e relações de produção, ela escapa ao horizonte do *diamat* e do *histmat*. Não é por acaso que a teoria crítica que parte de uma visão dialética da *totalidade* social é a única capaz de abordá-la com rigor e profundidade.

Os dois ensaios se referem sobretudo aos escritos marxistas de Lukács. Mas mesmo no seu período "idealista" ou neorromântico (antes de 1919) encontramos observações interessantes sobre o problema da vida cotidiana. Por exemplo, na *Alma e as Formas* (1911), no ensaio sobre a metafísica da tragédia, Lukács desenvolve uma fascinante crítica ético-social à *vida empírica*, que ele define como "uma anarquia do claro-escuro". Nesta vida habitual (i.e. cotidiana) "nada se realiza totalmente, e nada jamais é levado a seu termo... Tudo escorre, tudo se mistura sem freios e forma uma aliagem impura; tudo é destruído, tudo é desmantelado, jamais coisa alguma não floresce até a vida verdadeira. Viver é poder viver algo até o fim *(ausleben)*... A verdadeira vida é sempre irreal, sempre impossível para a vida empírica. Algo resplandece, brilha como um relâmpago por cima dos caminhos batidos; algo que perturba e seduz, algo de perigoso e surpreendente, o acaso, o grande instante, o milagre (*das Wunder*)". (Georg Lukács, *Die Seele und die Formen*, Berlin, Luchterhand, 1971, p. 219.)

Alguns anos mais tarde, ao escrever *História e Consciência de Classe* (1923), Lukács integra estas intuições profundas, mas supera o enfoque demasiado metafísico de seus ensaios de juventude: ele descobre na *reificação* das relações entre os indivíduos o "típico da vida cotidiana contemporânea" (José Paulo Netto). E a ruptura dialética com a reificação cotidiana já não é a espera desesperada do acaso ou do milagre, mas sim a *práxis revolucionária*, a ação emancipadora da classe oprimida.

Nos seus últimos escritos, a *Estética* e a *Ontologia do Ser Social*, Lukács volta a abordar, sob um ângulo diferente, a questão da vida cotidiana. Analisando estas obras, José Paulo Netto observa que para Lukács existem três formas privilegiadas de objetivação que permitem *suspender* a heterogeneidade da vida cotidiana: o trabalho criador, a arte e a ciência. Esta posição vai inspirar diretamente os trabalhos de Agnes Heller: para a filósofa húngara, como bem o mostra o estudo de Maria do Carmo Brant de Carvalho, existem *quatro* formas de suspensão da vida cotidiana, de passagem do meramente singular ao humano genérico: o trabalho, a arte, a ciência e a moral.

Ora, o que me parece faltar neste tipo de colocação, tanto no "velho" Lukács como em Agnes Heller, é precisamente aquela forma de suspensão do cotidiano, de objetivação social, de passagem do singular ao genérico, que ocupa o lugar central em *História e Consciência de Classe:* a *ação coletiva,* a práxis libertadora, a transformação dos explorados em *sujeitos históricos* conscientes. Esta ação não conduz evidentemente à *negação* da cotidianidade — categoria insuprimível da vida social como o constata com razão o último Lukács —, mas à sua suspensão durante o *momento revolucionário,* e, sobretudo, a mais longo prazo, à superação da natureza *reificada* das relações sociais cotidianas.

Se consideramos, como José Paulo, que a perspectiva revolucionária é o *ponto arquimédico* do pensamento marxista, e, como Maria do Carmo, que a prática social das classes oprimidas é a que tem a possibilidade de conquistar para o conjunto da sociedade um nível superior de liberdade e realização humana, não podemos deixar de constatar a *atualidade* das formulações de Lukács em 1923.

Estas considerações aparentemente abstratas e "europeias" têm, entretanto, implicações evidentes para o Brasil de hoje. A preocupação com a realidade brasileira é, aliás, um dos principais fios condutores deste livro...

Michael Löwy

O Conhecimento da Vida Cotidiana: Base Necessária à Prática Social[1]

Maria do Carmo Brant de Carvalho

"O filósofo e a filosofia não podem mais se isolar, nem se mascarar, nem se esconder. E isso precisamente porque em última instância a vida cotidiana julga a sabedoria, o conhecimento e o poder" (Lefebvre, 1961, I).

Até um passado recente, poucos pensadores se detinham a estudar a vida cotidiana: ela era especialmente apresentada por romancistas ou ainda por historiadores enquanto registro de uma dada época histórica.

Já em Marx, a busca do conhecimento sobre a vida cotidiana aparece como preocupação filosófica, pois nele a filosofia toma explicitamente nova direção: "Os filósofos se limitaram a interpretar o mundo diferentemente, cabe transformá-lo" (Marx, 1978b, p. 53).

Hoje, as obras artístico-literárias acumuladas e presentes neste século, os estudos realizados, as legislações introduzidas, as produções de bens e serviços voltados para a vida cotidiana introduzi-

1. Este relatório sucinto foi elaborado com dois objetivos: primeiro, submeter ao CNPq uma síntese dos estudos que, sob seus auspícios, realizamos sobre a vida cotidiana. O segundo, apresentar um quadro referencial gerador de questões que motivem alunos e docentes a pesquisar esta temática de interesse do Programa de Pós-Graduação em Serviço Social da PUC-SP.

ram uma percepção ampliada do que se pode compreender como vida cotidiana.

A vida cotidiana, esta vida de todos os dias e de todos os homens, é percebida e apresentada diversamente nas suas múltiplas cores e faces:

- a vida dos gestos, relações e atividades rotineiras de todos os dias;
- um mundo de alienação;
- um espaço do banal, da rotina e da mediocridade;
- o espaço privado de cada um, rico em ambivalências, tragicidades, sonhos, ilusões;
- um modo de existência social fictício/real, abstrato/concreto, heterogêneo/homogêneo, fragmentário/hierárquico;
- a possibilidade ilimitada de consumo sempre renovável;
- o micromundo social que contém ameaças e, portanto, carente de controle e programação política e econômica;
- um espaço de resistência e possibilidade transformadora.

A vida cotidiana é também vista como um espaço onde o acaso, o inesperado, o prazer profundo de repente descoberto num dia qualquer, eleva os homens dessa cotidianidade, retornando a ela de forma modificada.

É um palco possível de insurreição, já que nele atravessam informações, buscas, trocas, que fermentam sua transformação.

Todos os estudos sobre a vida cotidiana indicam a complexidade, contraditoriedade e ambiguidade de seu conteúdo. E o que é mais importante, a vida de todos os dias não pode ser recusada ou negada como fonte de conhecimento e prática social.

É nesta relação — prática social e vida cotidiana — que está a origem motivacional de nosso estudo. Nossa prática social, como assistentes sociais, se faz com e na vida de todos os dias dos grupos sociais oprimidos.

Este estudo buscou apoio teórico especialmente em Henri Lefebvre e Agnes Heller, embora outros pensadores (ver Bibliografia) tenham merecido certa atenção enquanto atualização do tema. Os estudos de Henri Lefebvre e Agnes Heller são de riqueza e avanço ainda não ultrapassados.

Esta reflexão contém uma síntese dos elementos que comportam esta totalidade chamada vida cotidiana em relação à totalidade mais ampla: o mundo moderno capitalista.

Na primeira parte, buscamos ressaltar a vida cotidiana como fonte permanente de investigação e estudo não só para intelectuais que aspiram a compreendê-la e retirá-la da obscuridade, mas igualmente para o Estado e para as forças produtivas capitalistas que aspiram a programá-la, controlá-la e melhor aproveitá-la para seus fins.

Na segunda parte, buscamos falar da vida cotidiana em si mesma: o que é vida cotidiana. Nossa intenção foi a de apresentar, de forma didática, as características e conteúdos da vida cotidiana, valendo-nos particularmente dos estudos realizados por Agnes Heller.

Na terceira parte elegemos algumas temáticas importantes, contidas na relação entre o mundo do cotidiano e o mundo mais amplo da modernidade.

Por fim, na quarta parte, introduzimos algumas das muitas questões referentes à intervenção dos profissionais na vida cotidiana dos grupos sociais oprimidos.

A sequência adotada traz uma reflexão em espiral, onde afirmações já colocadas são retomadas em novas dimensões.

I

Vida Cotidiana: o Centro de Atenção de Hoje

Antes, parecia que somente os poetas, pintores, teatrólogos e romancistas buscavam captar, expressar ou denunciar a vida cotidiana; ou, então, jornalistas interessados em relatar algumas das banalidades, tragicidades ou situações cômicas (quando vistas do exterior) que atravessam a cotidianidade. Mas não é verdade.

A vida cotidiana, faz algum tempo, é sobretudo o centro de atenção do Estado e da produção capitalista de bens de consumo.

Conforme Henri Lefebvre (1981, p. 126), o Estado moderno gere o cotidiano seja direta ou indiretamente. Diretamente pelos regulamentos e leis, pelas proibições ou intervenções múltiplas, pela fiscalização, pelos aparelhos da Justiça, pela orientação da mídia, pelo controle das informações etc...

> O que é que escapa ao Estado? O insignificante, as minúsculas decisões nas quais se encontra e experimenta a liberdade [...]. Se é verdadeiro que o Estado deixa fora apenas o insignificante, é igualmente verdadeiro que o edifício político-burocrático sempre tem fissuras, vãos e intervalos. De um lado, a atividade administrativa se dedica a tapar esses buracos, deixando cada vez menos esperança e possibilidades ao que podemos chamar

> de liberdade intersticial. De outro lado, o indivíduo procura alargar estas fissuras e passar pelos vãos (Lefebvre, 1981, III, p. 126-7).

Para Lefebvre, as relações sociais de dominação e a reprodução destas relações conquistaram, ao curso de grandes conflitos e acontecimentos, a prioridade sobre as relações de produção que elas implicam e, à sua maneira, as contêm.

É assim que o Estado moderno assume o papel de gestor da sociedade. Esta gestão repousa sobre o cotidiano, tem por base a cotidianidade (Lefebvre, 1981, III, p. 122).

Para a produção capitalista de bens de consumo, também o cotidiano é um centro de atenção, uma base de rentabilidade econômica inesgotável.

Técnicas publicitárias, as mais sofisticadas, introduzem na vida cotidiana o fabuloso progresso das máquinas e utensílios domésticos, capazes de transformar radicalmente a paisagem da vida cotidiana, seja dos ricos, seja dos pobres.

Através dos meios de comunicação, tais máquinas e utensílios (a televisão, o aparelho de som, o forno de micro-ondas, o videocassete, o microcomputador, o automóvel, os instrumentos de "bricolagem", os cremes de beleza, os congelados etc...) se apresentam como sedução permanente ao prático, ao pragmático, ao mágico, ilusório.

Consumi-los torna-se imperativo da era tecnológica moderna e condicionante ao chamado homem atual.

As máquinas adentram também os espaços coletivos (praças, estações de metrô, instituições, empresas etc...), substituindo os pequenos vendedores de sanduíche, café, cigarro, chocolate etc...

A máquina vende estes e outros produtos, eliminando não só a mão de obra humana, mas igualmente muitas das rotineiras relações humanas face a face, de todos os dias.

A sedução agressiva dos meios publicitários (e o crédito colocado à disposição...) quebram todos os obstáculos ao mais consumir, o que permite introduzir "estes fantásticos e ilusórios bens de consumo" a qualquer indivíduo de qualquer classe social em qualquer condição.

> [...] um grande número de casais trabalhadores tem uma máquina de lavar, uma televisão, um carro. Mas os interessados têm geralmente sacrificado outra coisa a este equipamento, por exemplo: a vinda de uma criança [...] (Lefebvre, I, 1961, p. 16).

Não só se introduziram utensílios e máquinas de uso cotidiano, mas também os conselhos e receitas, como mercadorias altamente lucrativas. Estas vão desde a arte de limpar e decorar o lar, cozinhar, medicar, até o nível da manipulação dos sonhos e das fantasias. Receitas inspiradas na vulgarização da ciência, na astrologia, na clarividência, na natureza, nas divindades espirituais as mais diversas.

Toda receita pode ser encontrada no mercado para "curar" qualquer mal existencial ou material do cotidiano.

O corpo, por exemplo, a partir de sua mais refinada exploração comercial, é seduzido por uma rede de produtos altamente sofisticados, desde os estéticos até os sensuais e eróticos, acompanhados sempre de receitas, experiências e valores capazes de atender todas as buscas de satisfação e insatisfação no cotidiano.

Vista sob um certo ângulo, a vida cotidiana é em si o espaço modelado (pelo Estado e pela produção capitalista) para erigir o homem em robô: um robô capaz de consumismo dócil e voraz, de eficiência produtiva e que abdicou de sua condição de sujeito, cidadão.

E assim que a vida cotidiana é, para o Estado e para as forças capitalistas, fonte de exploração e espaço a ser controlado, organizado e programado.

Nesse processo gerenciador e controlador, as classes médias foram instituídas como ponto de apoio e mediação.

No mundo moderno, elas são o veículo através do qual se expande e se homogeneíza um modo de vida cotidiano. A moda que elas trazem, intitulada muitas vezes como revolução cultural, nada mais é, na maioria das vezes, que um reformismo carregado de ilusão e reforçador do consumismo alienante.

Foi nas últimas décadas que filósofos e cientistas sociais passaram a tomar a vida cotidiana como objeto importante de investigação e reflexão.

Ao estudar esta vida cotidiana muitos deles buscam apreendê-la em sua totalidade. Alguns chegam lá. Outros a perdem no discurso fragmentário das ciências sociais. Assim, a alguns o cotidiano parece como restrito a fenômenos microssociais opostos ao macrossocial, sinônimo de global e universal. Outros se limitam a contestá-la e a recusá-la.

Como constata Lefebvre, na maioria dos estudos sobre o cotidiano a questão política não aparece, como se não existisse; o pragmatismo os contagia (Lefebvre, 1981, III, p. 10). Ou, ainda, uma certa paixão otimista e cínica sobre o cotidiano nega qualquer possibilidade de análise e crítica.

O quadro assim apontado indica a importância de dar continuidade e avançar nos estudos sobre a vida cotidiana. As investigações existentes que buscaram apreendê-la em sua totalidade ainda não esgotaram toda a gama de questões que ela suscita.

A partir dos estudos de Lefebvre é possível inferir que, para apreender a vida cotidiana, três perspectivas convergentes devem ser consideradas.

A primeira delas diz respeito à *busca do real e da realidade.* Nessa busca, é preciso ter claro que a vida cotidiana compreende o dado sensível e prático, o vivido, a subjetividade fugitiva, as emoções, os afetos, hábitos e comportamentos, e o dado abstrato, isto é, as representações e imagens que fazem parte do real cotidiano, sem, no entanto, perder-se no imaginário (Lefebvre, 1981, III, p. 11).

A segunda perspectiva diz respeito à *totalidade.* Conforme Lukács, somente no contexto "que integra os diferentes fatos da vida social (enquanto elementos do devir histórico) numa totalidade, se torna possível o conhecimento dos fatos como conhecimento da realidade". As partes encontram no todo o seu conceito e a sua verdade. O todo não é a soma das partes (Lukács, 1974, p. 23-4).

É preciso também lembrar que a totalidade está sempre em processo de estruturação e desestruturação. Ela é histórica. Assim, é preciso captar o seu movimento e a sua direção enquanto devir histórico.

Como diz Lefebvre, o conceito de cotidiano é global, "ele se refere e questiona a totalidade no curso de seu desenvolvimento".

Querer buscá-lo e defini-lo em sua escala aparente — as microdecisões, os microefeitos — é deixá-lo fugir; querer buscar o global sem ele é também deixar fugir a totalidade (Lefebvre, 1981, III, p. 162).

A terceira perspectiva diz respeito *às possibilidades da vida cotidiana enquanto motora de transformações globais.* A vida cotidiana tem se insinuado como um dos centros motores das atuais possibilidades de transformação da sociedade. A raiz desta intuição está no fato de que não são as relações de produção, mas sim as relações sociais de dominação e poder que têm sua primazia na modernidade. Sendo assim, um dos focos estratégicos da práxis revolucionária terá que ser o cotidiano vivido pelas classes e grupos sociais oprimidos.

II

O que é a Vida Cotidiana?

A vida cotidiana é aquela vida dos mesmos gestos, ritos e ritmos de todos os dias: é levantar nas horas certas, dar conta das atividades caseiras, ir para o trabalho, para a escola, para a igreja, cuidar das crianças, fazer o café da manhã, fumar o 'cigarro, almoçar, jantar, tomar a cerveja, a pinga ou o vinho, ver televisão, praticar um esporte de sempre, ler o jornal, sair para um "papo" de sempre etc... Nessas atividades, é mais o gesto mecânico e automatizado que as dirige que a consciência.

Mesmo os sonhos e desejos construídos dia a dia, no silêncio e no devaneio, não representam um ato de consciência.

O jogo dos sonhos e atividades rotineiras produz insatisfações, angústias, opressão, mas também segurança.

Raras são as pessoas que não se deixam intoxicar por esse cotidiano. Raras são as pessoas que o rompem ou o suspendem, concentrando todas as suas forças em atividades que as elevem deste mesmo cotidiano e lhes permitam a sensação e a consciência do ser homem total, em plena relação com o humano e a humanidade de seu tempo.

Para explicitar o cotidiano, vamos trazer aqui o pensamento de Agnes Heller.

O cotidiano é a vida de todos os dias e de todos os homens em qualquer época histórica que possamos analisar.

Não existe vida humana sem o cotidiano e a cotidianidade. O cotidiano está presente em todas as esferas de vida do indivíduo, seja no trabalho, na vida familiar, nas suas relações sociais, lazer etc...

O cotidiano e a cotidianidade existem, penetram eternamente em todas as esferas da vida do homem.

A história e o progresso transformam continuamente sua paisagem, mas não o exterminam.

Em cada época histórica os ritmos e as regularidades da vida cotidiana se distinguem, se tornam diferenciáveis. A vivência e experiência da cotidianidade também é diferenciável segundo os grupos ou classes sociais a que os indivíduos pertencem e em cada modelo societário existente.

> A vida cotidiana é a vida do homem inteiro; ou seja, o homem participa na vida cotidiana com todos os aspectos de sua individualidade, de sua personalidade.
>
> Nela colocam-se 'em funcionamento' todos os seus sentidos, todas as suas capacidades intelectuais, suas habilidades manipulativas, seus sentimentos, paixões, ideias, ideologias. O fato de que todas as suas capacidades se coloquem em funcionamento determina também, naturalmente, que nenhuma delas possa realizar-se, nem de longe, em toda a sua intensidade (Heller, 1972, p. 17).

Na cotidianidade, o homem se põe numa superficialidade fluida, ativa e receptiva que mobiliza sua atenção. Joga nela todas as suas forças, mas não toda a sua força.[2]

---

2. Ver artigo de José Paulo Netto neste volume.

> O homem nasce já inserido em sua cotidianidade. O amadurecimento do homem significa, em qualquer sociedade, que o indivíduo adquire todas as habilidades imprescindíveis para a vida cotidiana da sociedade (camada social) em questão.
>
> É adulto quem é capaz de viver por si mesmo a sua cotidianidade (Heller, 1972, p. 18).

A vida cotidiana é heterogênea e também hierárquica. Isto é, a vida cotidiana é caracterizada por um conjunto de ações e relações heterogêneas que contêm em seu bojo uma certa hierarquia. Esta não é rígida nem imutável, como diz Agnes Heller. Ela se altera seja em função dos valores de uma dada época histórica, seja em função das particularidades e interesses de cada indivíduo e nas diferentes etapas de sua vida.

Por exemplo, até pouco tempo, nós vivíamos num século em que o trabalho humano tinha valor, determinando hierarquicamente a sua primazia na heterogênea vida cotidiana. Esta ordem hierárquica garante a organicidade da vida cotidiana e "esse funcionamento rotineiro da hierarquia espontânea é igualmente necessário para que as esferas heterogêneas se mantenham em movimento simultâneo" (Heller, 1972, p. 18).

Esta heterogeneidade hierarquizada — em movimento — da vida cotidiana introduz uma certa sucessão linear de gestos, atos e atividades repetitivas no dia a dia. A rotina, característica da cotidianidade, é feita exatamente desta sucessão linear e repetitiva.

É característica igualmente da vida cotidiana a sua imediaticidade e o pensamento manipulador. No plano da cotidianidade o útil é o verdadeiro, porque é este o critério de eficácia. O critério de validez no cotidiano é o da funcionalidade.

A esfera do cotidiano é uma esfera precisa; é a esfera do homem concreto. A objetivação que se passa no cotidiano é aquela em que o homem faz do mundo o seu ambiente imediato.

A vida cotidiana é o conjunto de atividades que caracteriza a reprodução dos homens singulares que, por seu turno, criam a possibilidade da reprodução social.

Isso significa que, na vida cotidiana, o indivíduo se reproduz diretamente enquanto indivíduo e reproduz indiretamente a totalidade social.

Toda a reprodução que ultrapassa o imediato na vida cotidiana deixa de ser cotidiana.

Na vida cotidiana o homem aprende as relações sociais e as reproduz enquanto instrumento de sobrevivência.

Mas o homem não é só sobrevivência, só singularidade. O homem é, ao mesmo tempo, singular e genérico. Apenas, na vida cotidiana, este ser genérico, coparticipante do coletivo, da humanidade, se encontra em potência, nem sempre realizável. Na vida cotidiana só se percebe o singular.

> O indivíduo (a individualidade) contém tanto a particularidade quanto o homem genérico que funciona consciente e inconscientemente no homem [...]. O desenvolvimento do indivíduo é antes de mais nada, mas de nenhum modo exclusivamente, função de sua liberdade fática ou de suas possibilidades de liberdade.
>
> A explicitação dessas possibilidades de liberdade origina, em maior ou menor medida, a unidade do indivíduo, a 'aliança' de particularidade e genericidade para produzir uma individualidade unitária.
>
> Quanto mais unitária for essa individualidade (pois essa unidade, naturalmente, é apenas tendência, mais ou menos consciente), tanto mais rapidamente deixa de ser aquela muda união vital do genérico e do particular a forma característica da inteira vida (Heller, 1972, p. 23).

Na vida dos indivíduos é um fato excepcional a elevação do indivíduo ao gênero; a esmagadora maioria dos homens não realiza essa experiência. Não chega à consciência, "mantém-se muda unidade vital de particularidade e genericidade". Este fato deixa de ser excepcional quando há situações históricas excepcionais; mesmo aqui, esta possibilidade atinge poucos.

Também "os choques entre particularidade e genericidade não costumam tornar-se conscientes na vida cotidiana; ambas submetem-se sucessivamente uma a outra do aludido modo, ou seja mudamente" (Heller, 1972, p. 23).

A grande questão passa a ser a passagem do homem inteiro (muda relação de sua particularidade e genericidade) para o inteiramente homem (unidade consciente do particular e do genérico). Esta passagem ocorre, como diz Agnes Heller, quando se rompe com a cotidianidade; quando um projeto, uma obra ou um ideal convoca a inteireza de nossas forças e então suprime a heterogeneidade. Há nesse momento uma objetivação. A homogeneização é a mediação necessária para suspender a cotidianidade.

Este processo de homogeneização só ocorre quando o indivíduo concentra toda sua energia e a utiliza numa atividade humana genérica que escolhe consciente e autonomamente (Heller, 1972, p. 27).

A intensidade de uma grande paixão, um grande amor, o trabalho livre e prazeroso, uma intensa motivação do homem pelo humano genérico resultam na suspensão do cotidiano.

Há, segundo Agnes Heller, quatro formas de suspensão da vida cotidiana, de passagem do meramente singular ao humano genérico. São elas: o trabalho, a arte, a ciência e a moral.

Esta suspensão da vida cotidiana não é fuga: é um circuito, porque se sai dela e se retorna a ela de forma modificada. À medida que estas suspensões se tornam frequentes, a reapropriação do ser genérico é mais profunda e a percepção do cotidiano fica mais enriquecida.

Nesta suspensão, a singularidade se conhece como partícipe da universalidade (totalidade). O indivíduo sente, mesmo que temporariamente, a plenitude existencial, a plenitude de comunhão consigo próprio, com os homens e com o mundo.

Esta suspensão é temporária, mas a apreensão de plenitude obtida permite ganhos de consciência e possibilidade de transformação do cotidiano singular e coletivo.

> A vida cotidiana não está 'fora› da história, mas no 'centro' do acontecer histórico: é a verdadeira 'essência' da substância social. Nesse sentido, Cincinato é um símbolo. As grandes ações não cotidianas que são contadas nos livros de história partem da vida cotidiana e a ela retornam. Toda grande façanha histórica concreta torna-se particular e histórica precisamente graças a seu posterior efeito na cotidianidade. O que assimila a cotidianidade de sua época assimila também, com isso, o passado da humanidade, embora tal assimilação possa não ser consciente, mas apenas 'em si' (Heller, 1972, p. 20).

A substância social de que fala A. Heller são os homens, pois estes são os "portadores da objetividade social", são eles que constroem uma dada estrutura social e a transmitem. São eles, enfim, os motores e depositários da "infinitude extensiva das relações sociais".

Ora, este movimento da substância que contém "não apenas o essencial, mas também a continuidade de toda a heterogênea estrutura social" e a "continuidade de valores", chama-se história.

Assim, a história é a substância da sociedade (Heller, 1972, p. 20).

A continuidade dos valores é questão fundamental nos estudos de A. Heller: é a presença deles que determina um modo de vida cotidiana favorecedor, em maior ou menor intensidade, da essência humana.

Agnes Heller cita os cinco atributos (a partir de Marx) que definem essa essência humana: o trabalho, a socialidade, a universalidade, a consciência e a liberdade. Estes atributos encontram-se em potência, podendo ou não se converterem em realidade. São possibilidades.

O valor é tudo aquilo que favorece o desenvolvimento dessa essência humana. Os valores não desparecem da sociedade. Eles existem, mas podem estar abafados uns em relação a outros. O valor é fundamental para entender a história como espaço de emergência do gênero.

A vida cotidiana, portanto, se insere na história, se modifica e modifica as relações sociais. *Mas a direção destas modificações depende estritamente da consciência que os homens portam de sua "essência" e dos valores presentes ou não ao seu desenvolvimento.*

III

A Vida Cotidiana em Nosso Mundo: Algumas Questões Relevantes

1. *A revolução passiva do pós-guerra* — Ao se estudar a vida cotidiana na modernidade é impossível deixar de situá-la num contexto mais amplo: a sociedade capitalista pós-guerra dos países desenvolvidos.

A primeira metade do nosso século assistiu a uma virada significativa das estruturas sociais, dos processos de acumulação capitalista, das estruturas e relações sociais de dominação.

Como diz Christine Buci-Glucksmann, operou-se uma revolução passiva, no sentido dado a ela por Gramsci.

As crises próprias ao processo de acumulação capitalista, os constantes enfrentamentos da burguesia com um proletariado consciente de sua exploração e opressão e, mais particularmente, o contexto político mundial pós-29 permitem uma retomada revolucionária "passiva" da classe dominante capitalista.

> [...] através da noção de revolução passiva como nova tendência imanente ao modo de produção capitalista. Gramsci aborda as saídas possíveis, e não únicas, de uma crise. Em período de crise, nas teias mais fortes (fordismo e americanismo), o capitalismo pode se reestruturar aproveitando-se tanto

> da própria crise do movimento operário, agindo sobre o proletariado em todos os níveis, da divisão do trabalho ao Estado. A classe dominante, para continuar a dirigir e dominar, torna-se 'revolucionária': ela revoluciona suas próprias bases materiais e políticas, oferecendo às outras classes uma nova perspectiva (Buci-Glucksmann e Therborn, 1981, p. 141).

O consentimento das classes trabalhadoras a esta revolução passiva sem dúvida se deu, de início, porque, de certa maneira, estas mesmas classes renunciaram a buscar outros modelos de sociedade alternativa face aos horrores do fascismo e do stalinismo e à possibilidade de um pacto com a sociedade capitalista.

Reportando-se ainda à reflexão realizada por Christine Buci-Glucksmann, a revolução passiva contém uma soma de contradições não resolvidas: uma revolução passiva que opera pela neutralização de toda iniciativa popular real, minando a explosão ou generalização das autonomias de classe por um reformismo moderado. Este reformismo moderado se traduz na satisfação de reivindicações, mas em pequenas doses, legalmente, de maneira reformista, apoiando-se no Estado e resolvendo através do Estado as tarefas históricas e progressivas de uma classe (Buci-Glucksmann e Therborn, 1981, p. 139).[3]

> É por isso que, para Gramsci, a revolução passiva sugere os primeiros delineamentos de uma teoria da subalternidade social e política que excede o campo classista da exploração de classe e somente os países capitalistas desenvolvidos (Buci-Glucksmann e Therborn, 1981, p. 145).

Para melhor compreender esta questão vale a pena descrever as características dessa revolução passiva, ainda que sumariamente, através de alguns de seus principais indicadores:

---

3. É importante assinalar que Gramsci e Lefebvre, embora partindo de uma mesma fonte — Marx —, pensam o Estado com algumas diferenças. Para o presente estudo, no entanto, estas diferenças não são relevantes.

- a evolução de um capitalismo individualista, selvagem, deixado às suas próprias forças, para um capitalismo planificado, transnacional, monopolista;
- a generalização e mundialização do assalariado;
- a forte expansão das funções do Estado. O Estado assume as funções de mediação entre capital e trabalho, intervindo tanto na racionalização e planificação econômica quanto na proteção social e no jogo e direção das relações sociais. Em outras palavras, o Estado se torna presente como sujeito econômico e sujeito socializante;
- a introdução de um pacto social com as classes trabalhadoras, corolário de pressões e conflitos não controláveis sem negociações efetivas. Deste pacto resulta a expansão e fortalecimento do chamado Estado-Providência, que assume progressivamente as funções de reprodução da força de trabalho (educação, saúde etc.), produz maior equidade social, expande a demanda de consumo de bens produzidos pelo sistema capitalista, assim como processa a difusão uniformizante de um consumo de massa. Deste pacto resultou também a introdução de uma práxis política democrata, duradoura e extensiva (em maior ou menor grau), em todos os países capitalistas desenvolvidos;
- as relações de dominação e poder tomam uma forma corporativista, funcional, triangular (sindicatos, Estado, burguesia monopolista), tendo o Estado como figurante mediador principal. Ao corporativizar e institucionalizar a presença e participação das classes através de suas organizações e lideranças, se alteram as condições mesmas da prática política e as formas que tomam as relações sociais de dominação.

Uma das alterações, nesse novo processo, é a despolarização das relações capital/trabalho e Estado/classe dominante, com o fortalecimento das relações classe trabalhadora/Estado. As formas modernas em que se apresentam as relações de dominação e as estratégicas de negociação sociais aí introduzidas tornaram progressivamente opacas ou quase invisíveis as questões da luta de classes.

O pensamento keynesiano forneceu as bases teóricas a este processo de revolução passiva. Embora Keynes tenha escrito no contexto de crise dos anos 30, somente após a última guerra, ou seja, somente após a necessidade de um pacto social com a classe trabalhadora, seu pensamento joga um papel fundamental.

O pensamento de Keynes pode ser resumido em sua afirmação clássica de que há uma correspondência entre os imperativos do crescimento econômico e as exigências de uma maior equidade social. Esta correspondência deve ser assegurada por um Estado econômica e socialmente ativo. Para Keynes, eficácia econômica e progresso social estão logicamente ligados (Rosanvallon, 1983, p. 49-55).

Com Keynes, o Estado e a economia capitalista repousam doravante sobre o saber científico.

Esta revolução passiva permitiu, sem dúvida, uma plena expansão da economia, da técnica, do saber científico e do progresso, assim como introduziu uma melhoria real das condições materiais de vida das classes trabalhadoras, consagrou uma série de conquistas trabalhistas e produziu maior equidade social nos países capitalistas desenvolvidos.

Mas, ao mesmo tempo, introduziu novas contradições e efeitos perversos,[4] dos quais vamos nos ater àqueles que se mostram mais agudos e têm repercussões diretas na prática social e na vida cotidiana:

- o enfraquecimento da classe trabalhadora como sujeito político real;

4. Por exemplo, a desigualdade gritante entre países desenvolvidos e o Terceiro Mundo.

- o esvaziamento progressivo do exercício da cidadania;
- a substituição quase total de um processo de solidariedade espontânea por um processo de solidariedade mecânica emanada do Estado;
- a perda de visibilidade dos valores essenciais ao desenvolvimento do homem enquanto ser singular e social e, com eles, a perda de referências para a transformação da sociedade.

A voz das bases trabalhadoras, a voz do coletivo, perdeu muito de sua importância à medida que um processo ativo de negociações sociais passou a operar via Estado e de forma corporativista.

Ora, com esse mecanismo, um processo decisório democrático de "baixo para cima" se converteu, progressivamente, em processo democrático de "cima para baixo".

É assim que as bases perderam também progressivamente seu alimento vivo que é a reflexão e a participação real no processo de construção da sociedade.

Por outro lado, o Estado moderno reificou o seu complemento fundamental: o indivíduo e, com ele, a afirmação do indivíduo total, descartando o coletivo e atomizando o social.

Como diz Pierre Rosanvallon (1983, p. 44-5).

> o Estado moderno não pode existir, numa palavra, sem economia e sociedade de mercado, isto é, sem a afirmação do indivíduo como categoria econômica central.
>
> O Estado-Providência não faz senão prosseguir e ampliar esse movimento de proteção do indivíduo como figura central do Social, [...] O Estado-Providência quer libertar o indivíduo simplificando o social. Para ele, trata-se de destruir o conjunto de estruturas, profissionais e sociais que limitam a autonomia do indivíduo. A liberdade é concebida como o advento do indivíduo integral.

É assim que o Estado-Providência toma o indivíduo como unidade básica de destinação e oferta de seus serviços.

Nesse processo de individualização, o social e o próprio indivíduo foram fragmentados e parcelados: os serviços sociais se destinam à criança, à mulher, ao desempregado, ao carente, ao idoso, ao deficiente, ao jovem etc... E de tal forma o complexo aparelho estatal de proteção social operacionalizou a destinação de seus serviços (burocratização, setorização etc.), que estas unidades — criança, mulher, idoso etc. — não aparecem nem mesmo enquanto totalidades, mas como um somatório de necessidades e carências.

Nesse processo de reificação do indivíduo, o usuário emerge com voz e voto na destinação e uso dos serviços sociais. O cidadão deixa de ter significado e expressão, o que parece consequência natural: o exercício da cidadania só pode existir no contexto de uma sociedade civil viva, presente através de seu corpo social múltiplo e expressivo. O Estado-Providência introduziu igualmente um processo de solidariedade mecânica que substitui — quase que totalmente — os processos naturais e espontâneos de solidariedade humana e social.

Para Pierre Rosanvallon (1983, p. 41):

> o Estado-Providência, como agente central de redistribuição e, portanto, de organização da solidariedade, funciona como uma grande interface: ele se substitui ao face a face dos indivíduos e grupos. [...] Separada das relações sociais reais que a estruturam, a organização da solidariedade que este Estado-Providência adota torna-se mais abstraia. O Estado-Providência procede mecanicamente a um verdadeiro embaçamento das relações sociais.

Mas as consequências dessa revolução passiva são mais claras no período atual, pós-keynesiano, período em que a crise da acumulação capitalista desnuda suas contradições e resultados, ameaçando todo um processo de conquista realizado e de paz interclasses.

A crise do Estado keynesiano dos últimos quinze anos põe em questão todos os benefícios sociais e as negociações e pactos mantidos no período do grande crescimento econômico capitalista.

Observa-se cada vez mais intensamente não apenas a redução das margens de negociação dos diferentes compromissos institucionais, mas a emergência clara de antigos e novos grupos oprimidos e excluídos.

Observa-se igualmente uma virada autoritária do Estado. Hoje esse Estado moderno — caracterizado pelas suas funções de regulação, planificação, direção, mediação entre capital e trabalho, proteção social e redistribuição — está em questão, assim como as sociais-democracias que a ele se incorporaram.

A reaparição de correntes liberais conservadoras, a crítica ao Estado-Providência no que se refere à sua burocracia e a seu custo elevado, as tendências autoritárias emergentes são alguns dos sintomas que indicam que a viabilidade e o dinamismo de um certo pacto social entre a classe trabalhadora e o Estado está intrinsecamente ligada a um capitalismo em pleno sucesso (Buci-Glucksmann e Therborn, 1981, p. 17-8).

Resta uma questão fundamental: as medidas restritivas já em vigor, a redução clara das margens de negociação e o autoritarismo presente na condução do social não vêm suscitando reações significativas nos países desenvolvidos.

É como se todo um povo dormisse um sono profundo do qual não quer acordar.

Algumas hipóteses se colocam para explicar este sono profundo:

- um individualismo exacerbado com um consequente egoísmo generalizado;

- uma passividade, produto de uma massificação e alienação generalizadas;
- os novos segmentos — jovens, desempregados, migrantes e outros — atingidos pela opressão e exclusão ainda não se reconheceram como coletivos oprimidos e em consequência se encontram desarticulados;[5]
- o pensamento revolucionário de esquerda se mantém amarrado às antigas formas, modelos e conteúdos de superação revolucionária da atual crise, inibindo um pensamento inovador capaz de fornecer a motivação, a esperança e a direção a um novo arranque revolucionário;
- a pouca visibilidade dos valores fundamentais à emergência do ser total explica igualmente a dificuldade de sair deste sono profundo. A dessocialização a que assistimos, processada na modernidade, abafou a existência de tais valores e, com eles, as condições para buscar e direcionar projetos alternativos de transformação da humanidade.

2. A modernização, o progresso e o fantástico desenvolvimento tecnológico são a outra face da moeda desta revolução passiva operada pela burguesia capitalista.

O ritmo que esta modernização e progresso imprimem à vida cotidiana é tal que parece que nada de antigo se mantém e nada de novo chega a criar raízes; parece que tudo se encontra de passagem e não vem para ficar. Conforme Marshall Berman

> [...] a modernidade nos despeja a todos num turbilhão de permanente desintegração e mudança, de luta e contradição, de ambiguidade e angústia.

---

5. A recente manifestação dos jovens na França, assim como alguns outros movimentos sociais espontâneos que vêm emergindo neste e em outros países europeus, parece indicar que os grupos oprimidos e, com eles, a sociedade civil despertam deste sono buscando uma rearticulação e expressando uma certa consciência dessa opressão.

> Ser moderno é fazer parte de um universo no qual, como disse Marx, tudo que é sólido desmancha no ar (Berman, 1987, p. 15).

As novas condições de existência social criam uma complexidade e confusão que afetam diretamente o comportamento dos indivíduos. Para Lefebvre,

> os homens creem na independência das ideias, dos sentimentos e da consciência [...] Consciência da vida? Temos consciência de nossa vida? Não. Nossa vida não está realizada e nossa consciência é falsa.
>
> Não é somente nossa consciência que é falsa: ela é falsa porque nossa vida permanece alienada. Falsas representações aportam uma consciência falsa de uma vida irrealizada; elas não aportam a consciência da irrealização (do grau de irrealização) da vida humana: elas a apresentam seja como realizada (portando uma satisfação vulgar ou moral) seja como irrealizável (aportando a angústia ou o desejo de outra vida).
>
> Mais precisamente, não se sabe como vive (Lefebvre, 1961, I, p. 205 e 208).

Uma das grandes invenções do progresso é a informática e a telemática, que introduzem uma vertiginosa alteração na vida societária.

> De um lado, os processos do trabalho produtivo se modificam, pondo em questão as antigas divisões do trabalho. De outro lado, os que trabalham em informática anunciam a generalização de seu saber teórico e prático à toda a sociedade (Lefebvre, 1981, III, p. 135).

A informação deixou de ser um simples instrumento para produzir mercadorias e seduzir ao seu consumo, mas ela própria transformou-se em produto que se produz, se consome, se vende e se compra.

A informática passa a ser também um poderoso instrumento político utilizado no controle e na formação do "consenso". Como diz Umberto Eco:

> quando o poder econômico passa de quem tem em mãos os meios de produção para quem detém os meios de informação que podem determinar o controle dos meios de produção, também o problema da alienação muda de significado. Diante da sombra de uma rede de comunicação que se estende para abraçar o universo, cada cidadão do mundo torna-se membro de um novo proletariado.
>
> Mas a esse proletariado nenhum manifesto revolucionário poderia lançar o apelo 'Proletários de todo o mundo, uni-vos!' Porque, mesmo se os meios de comunicação, enquanto meios de produção, mudassem de dono, a situação de sujeição não mudaria. No máximo, é lícito suspeitar que os meios de comunicação seriam meios alienantes ainda se pertencessem à comunidade (Eco, 1984, p. 166).

A socialidade dos indivíduos e mesmo o exercício da cidadania correm o risco de se alterarem e se perderem drasticamente.

Basta lembrar algumas imagens da ficção: o indivíduo diante dos vários botões de um computador através do qual ele gere sua vida, seus negócios, seus amores, ao mesmo tempo que dispõe de todas as informações e deformações que a telemática lhe traz. Este quadro parece reforçar a solidão e o isolamento que já atinge a maioria dos indivíduos nos países capitalistas avançados. Parece igualmente anular toda possibilidade de o homem suspender-se desse cotidiano para sentir e apreender o ser plenamente homem. Ou talvez produza uma tal pressão que leve os homens à negação radical deste sistema que, sutil mas drasticamente, os oprime, movendo-os a uma ação de transformação radical.

3. *A alienação contamina e sufoca a vida cotidiana* — A alienação é tratada em Marx em seu duplo sentido: objetivo e subjetivo.

Ela é sobejamente discutida e descrita em numerosas produções teóricas. Mas é necessário introduzir um pensamento sintético sobre ela, já que a alienação é ingrediente essencial da vida cotidiana. Vista no mundo de hoje, é possível dizer que este fenômeno recorrente, função das relações sociais de produção e dominação, se apresenta:

— Na objetivação do trabalho: o trabalho deixa de ser uma atividade vital, criadora, prazerosa, para se tornar um mero meio de subsistência. O trabalho perdeu seu valor. Resta apenas o emprego e este é escasso no mundo tecnológico moderno, criando uma nova cisão alienante: os empregados passam a ser encarados como privilegiados, os não empregados como marginais. Mas mantém-se a afirmação básica de Marx: o homem percebe o trabalho como algo alheio e externo a ele. O trabalho alienado não só produz mercadorias como produz o próprio homem como mercadoria.

— Na objetivação das relações sociais estas deixam de se apresentar como históricas, conscientes, livres, igualitárias, afetivas, criadoras, integradoras, para se reduzirem a instrumentos de dominação e opressão.

A relação alienada entre os homens se transforma em relação entre estranhos e o próprio homem em estranho para si próprio. A sociedade deixa de ser um constitutivo de cidadãos e de vinculações coletivo-comunitárias, livres e solidárias, para se transformar em massa alimentada pela fetichização: "O homem alienado de si mesmo é também o pensador alienado de sua essência [...]" (Marx, 1978, p. 47).

É assim que a vida cotidiana é também o espaço da mediocridade. Os gestos comuns, a uniformidade e a padronização dos desejos e necessidades reificados, fetichizados e controlados reproduzem, a todo momento, os opressores e oprimidos, determinando, através da massificação, comportamentos acríticos e anômicos. Alguns valores presentes no mundo moderno capitalista — individualismo, neutralidade, competição — reforçam a mediocridade, deixando as grandes decisões políticas, econômicas, culturais, existenciais e mesmo espirituais ao sabor dos agentes mandantes.

É através da mediocridade que o cotidiano se normaliza ao gosto das classes dominantes.

A insatisfação (manifesta na contestação ou na passividade), a ambivalência e os sonhos contidos na vida cotidiana, ao mesmo tempo que mascaram essa mediocridade, germinam o desejo de ruptura, o desejo e a procura de autenticidade do ser homem inteiramente.

4. *O grande vazio* — A vida cotidiana, como diz Lefebvre, modificada e contraditoriamente modificada, não desapareceu no mundo moderno.

As técnicas a penetraram, mas não suprimiram seus aspectos, mesmo os mais triviais.

Reduzindo, por exemplo, o tempo consagrado a trabalhos fastidiosos, estas técnicas põem com acuidade o problema do tempo livre. Elas não transformaram a cotidianidade em atividade criadora superior; contrariamente, elas abriram um grande vazio. E se acrescente a este vazio:

> O desaparecimento do trabalho se anuncia como um processo longo e difícil que a cotidianidade já atravessa e que terá modalidades muito diferentes, aperfeiçoamentos e degradações. O que se anuncia ao longe como o fim do trabalho como valor é o fim do trabalho como sentido e finalidade, em si e por si mesmo (Lefebvre, 1981, III, p. 169-70).

Acrescente-se ainda a este vazio: a desesperança na possibilidade de os homens coletivamente *desejarem, quererem* e *realizarem* a transformação do mundo em direção a uma plena humanização. Um olhar para trás, para o passado, e outro para o presente aí colocado, confirma a tese de Walter Benjamin: "a história é uma sucessão de derrotas dos oprimidos e não dos opressores".[6]

---

6. Anotações de seminários e exposições feitas por Michael Löwy sobre as *Thèses sur la philosophie de l'histoire*, de Walter Benjamin, École des Hautes Études en Sciences Sociales, Paris, 1985-86.

As grandes lutas do passado, a conquista do presente (o Estado--Providência para os países desenvolvidos capitalistas, o socialismo não consumado em verdadeiro comunismo nos chamados países socialistas), acrescidas da pobreza exacerbada no Terceiro Mundo, introduziram a dúvida sobre o valor destas mesmas conquistas.

Os homens, no passado, conquistaram através de fortes lutas uma existência humano-social mais igualitária e livre. Mas as relações de dominação persistem e com elas os limites e ameaças sempre presentes a uma existência efetivamente igualitária e livre. A opressão ainda não foi suprimida.

Ora, a compreensão dessa realidade, embaçada pela alienação, não emerge conscientemente, persistindo apenas o sentimento confuso dela, expresso hoje na defesa do singular e na busca de libertações singulares.

A privacidade passa a ter valor na vida cotidiana moderna: privacidade que contém o profundo da insatisfação, da ambivalência, do sonho, da magia, do desejo, da solidão, da busca do ser e do não ser, inferno e paz, prazer e desespero. Parece claro, na vida cotidiana de nossos dias, a existência de uma cisão entre:

- existência e subsistência;
- material e espiritual;
- singular e genérico/coletivo;
- local e global;
- igual e diferente;
- indivíduo e cidadão;
- parte e todo.

Somente com o término desta cisão, onde estes termos possam ser vividos na sua unidade e dinamismo dialético, é possível buscar saídas libertadoras coletivo-comunitárias. Ou retomar a esperança que Marx e Nietzsche depositavam numa

> nova espécie de homem que terá coragem e imaginação para criar novos valores de que o homem e a mulher modernos necessitam para abrir seu caminho através dos perigosos infinitos em que vivem (Berman, 1987, p. 22).

5. *Espaço e tempo* — As pessoas habitam nas grandes cidades em pequenos espaços de um conjunto padronizado e uniforme. Os espaços livres deixam de ser livres para serem públicos, o que significa espaços controlados cuja utilização é determinada e programada, onde as pessoas não se sentem coproprietárias ou comungando um espaço comum, mas usuárias.

O hábitat nesse conjunto uniforme toma um significado opressivo e privado. Ao lado desse pequeno espaço privado, o território terrestre lhes aparece como "totalmente descoberto, desnudado e possuído" (Lefebvre, 1981, III, p. 128).

Este território terrestre apresentado como imagem e informação entra no cotidiano e na cotidianidade seja como elemento de ameaça (guerra, terrorismo, pobreza, radiatividade...), seja como fonte de sonho, de imaginário, seja ainda como mercadoria a usufruir num pacote turístico.

Dada a cisão presente na vida cotidiana moderna, esse território terrestre raramente é percebido na sua globalidade e historicidade a que pertencemos todos, mas como algo estranho ao espaço e história privada de cada um.

A amplitude do espaço terrestre entra no cotidiano como informação não vivida. A relação deste com o espaço reduzido real vivido introduz repercussões nefastas no cotidiano.

O espaço deixa de representar segurança, liberdade, movimento, descoberta e expansão, para se transformar em elemento de confinamento.

Como diz Henri Lefebvre (1981, III, p. 128), o espaço transformou lentamente, mas profundamente o cotidiano.

O direito à diferença na desigualdade (e não na igualdade) transforma o chamado Estado nacional em território privado onde os imigrantes, os estrangeiros aparecem como ameaça ou impertinência, com os quais as relações devem ser de dominação/subordinação, desconfiança e, raramente, convivência.

O mundo é, assim, um mundo partido, fragmentado, passível de alianças mercantis e políticas onde o poder econômico e político sobrepuja qualquer outro ingrediente possível nessa relação.

As múltiplas dimensões do tempo atravessam o cotidiano.

> Os múltiplos ritmos e ciclos de origem natural, que se transformaram pela vida social, interferem nos processos e sucessões lineares dos gestos e atos de todos os dias (Lefebvre, 1981, III, p. 129).

O linear repetitivo parece pesar e obscurecer as outras dimensões do tempo na vida cotidiana. O relógio ilustra bem este linear repetitivo, quantificável e homogêneo, que rege a vida cotidiana.

Mas as outras dimensões do tempo estão presentes e se chocam a esse cíclico e linear repetitivo, mesmo que de forma obscura e abafada.

O passado dos homens e do mundo é vivido também no cotidiano de todos.

Uma fotografia, um monumento, uma velha igreja ou fortaleza atestam uma história passada coletiva vivida no cotidiano, mesmo que de forma debilitada e abafada. Mesmo que de forma debilitada, este passado é percebido não apenas como nostalgia de uma época, mas como desejo de redimi-lo.

As suspensões do cotidiano, que se operam à passagem do homem inteiro para o inteiramente homem, fazem emergir o tempo na sua dimensão histórica a ser resgatada.

6. *A queda do pacto de complementariedade* — Uma das características da vida cotidiana de nossos dias é a quebra do pacto de complementariedade entre as pessoas. Em geral, esta quebra é explicada em razão da liberdade sexual, da liberdade alcançada pelas mulheres etc... Em realidade, a dificuldade de manter um pacto de complementariedade duradouro é devida a valores e condições reforçadas na vida moderna:

- o direito à diferença, que, paradoxalmente, em vez de aproximar no complementar, afastou na oposição e intolerância do diferente;
- o valor da liberdade individual, reforçando paradoxalmente o singular, o particular, o privado, e opondo-os ao outro, ao comunitário, ao coletivo, ao genérico;
- a reificação do usuário de direito dos serviços e benefícios do Estado-Providência; as necessidades de segurança e bem-estar são buscadas no Estado e não mais no outro, ou na comunidade e no coletivo.

A quebra do pacto de complementariedade duradoura resultou não tanto no aumento quantitativo de divórcios, separações, famílias monoparentais, mas no aumento significativo de pessoas sós.

O isolamento e a solidão são características marcantes na vida cotidiana moderna dos países desenvolvidos.

7. *O Estado-Providência cunhou o usuário de serviços e benefícios. O cidadão foi progressivamente substituído pelo usuário.*

A cidadania, condição tão falada como possibilidade realizada nas sociais-democracias do mundo moderno desenvolvido, é de fato uma ilusão.

Com o progresso, as relações sociais de dominação se aperfeiçoaram e se refinaram ao ponto de o próprio cidadão não perceber que deixou de ser cidadão: ele é apenas usuário servil dos serviços e benefícios do Estado do Bem-Estar Social.

Ele conquistou os direitos sociais, mas perdeu sua condição de sujeito político. Os cidadãos só aparecem nos discursos da social-democracia, na prática eles não existem.

Paradoxalmente, no Terceiro Mundo, os cidadãos são chamados de "cidadãos de segunda classe" porque não conquistaram os chamados direitos sociais. Mas os chamados cidadãos de segunda classe do Terceiro Mundo, oprimidos pela exclusão e pela ausência de direitos, vivem a sua condição de cidadania, mesmo que reprimida, num coletivo solidário consciente da opressão.

A vida cotidiana, nos países capitalistas desenvolvidos, controlada e programada, transformou-se, abalando assim o exercício da cidadania.

8. A modernidade e a sociedade pós-industrial, com seus poderosos meios de informática e telemática, expandem, mesmo para o Terceiro Mundo, e agudizam, para os países desenvolvidos, o desencantamento, a desconfiança e a desesperança nas ideologias, na teoria, no global, no poder político e no Estado.

Paradoxalmente, ela reforça uma esperança e uma confiança nas microdecisões, nos microefeitos, nas microcadeias de relacionamento. Daí a intuição básica de que a prática social transformadora não pode ignorar o cotidiano e a cotidianidade dos microgrupos.

> [...] a confiança social, ainda que persista, vai sobretudo ao que é próximo, local; é este que se beneficia de uma hipótese favorável. [...] Em duas palavras, é próxima do cotidiano (Lefebvre, 1981, III, p. 99).

Não que os fenômenos macrossociais não sensibilizem e atinjam os indivíduos, mas a desesperança criou um hiato entre o macro e o micro, entre o institucional e o cotidiano.

Como diz Lefebvre, é como se as pessoas, no cotidiano, para evitar as armadilhas e desenganos, para melhor utilizarem as circunstâncias evitando os inconvenientes, enxergassem a sociedade como dual: de uma parte os circuitos dominantes e instituídos, de outra parte, os circuitos exteriores, as trocas diretas, as ligações mais ou menos clandestinas.

> [...] o que dá por vezes a impressão de que as relações. 'subterrâneas' não são exteriores àquelas que se estabelecem na claridade oficial, mas penetram e talvez as vivifiquem (Lefebvre, 1981, III, p. 100).

9. *O sagrado e o espiritual no cotidiano.*

> [...] a religião persiste por diversos procedimentos: ritos e gestos, mas também palavras, sacralização, logo, valorização dos instantes decisivos da existência. Esta consagração dos começos e dos fins paradoxalmente assegura a continuidade do cotidiano, ao mesmo tempo em que intensifica os momentos, os dramatiza e confere a eles uma espécie de importância cósmica, sob o olhar do 'deus escondido' (Lefebvre, 1981, III, p. 64).

Os ritos sagrados ou os gestos de pedido de ajuda e bênção ao divino, presentes nos momentos marcantes ou rotineiros da vida cotidiana, não são apenas manifestações de uma religiosidade aparente, cultural ou mágica. Não é tampouco uma simples expressão de apego à magia, mistério e medo do mundo temporal e transcendente.

Há uma espiritualidade aí escondida, tal qual o *Dieu caché*. Ou, há uma débil espiritualidade acorrentada a um forte deus do progresso, do conforto, da preguiça e alienação.

O sagrado e o espiritual são temas constantes nos estudos realizados sobre a vida cotidiana, mas não explorados suficientemente enquanto motores de transformações.

O espiritual é vivido no cotidiano como energia da vida. Este espiritual nem sempre é reconhecido como força positiva. E nem pode ser: ele apresenta fortes contradições. Ele é utilizado pela maioria das pessoas como "ópio da vida", reforçando um processo de fuga alienante ou, ainda, um processo de libertação, onde o comunitário é o apoio, e não o processo de caminhada coletiva.

Hoje, esta busca do espiritual é absolutamente relevante e expandida: os indivíduos o buscam nas seitas, nas igrejas majoritárias, na magia, nas divindades as mais diversas, incluindo-se entre elas a própria psicanálise.

Esta busca é sem dúvida, para as forças produtivas capitalistas, uma de suas aquisições mais lucrativas no mundo moderno. Ela é a religiosidade do vazio que predomina no mundo contemporâneo.

Ela é, por um lado, como diz Umberto Eco:

> o sintoma de uma crise das ideologias otimistas do progresso: tanto a positivista tecnológica, que queria construir um mundo melhor com o auxílio da ciência; quanto a materialista histórica, que queria construir uma sociedade perfeita por meio da intervenção revolucionária (Eco, 1984, p. 112).

A desesperança nesse mundo transformado que está aí cria sem dúvida o espaço para fermentar um sagrado, uma mística ou uma magia das libertações individuais.

É sabido, historicamente, que, quando um povo sofre claramente a opressão, a exclusão, a pobreza, este espiritual é percebido como força mística de transformação do coletivo; a transformação do mundo é germinada nesta própria energia. Veja-se, por exemplo, na América Latina, a emergência de uma teologia da libertação de um povo, enraizada nas condições materiais de vida e nas exigências de uma práxis revolucionária.

O espiritual precisa ser desvelado no seu pleno significado. Ele possivelmente é a única força, no mundo moderno, capaz de motivar o surgimento de valores de expressão e expansão do ser e de mover a caminhada dos oprimidos.

O espiritual é a força possível na transformação do cotidiano e igualmente na supressão coletiva da opressão.

Como diz Walter Benjamin (cf. Michel Löwy), não haverá revolução real das condições materiais de vida e supressão da opressão sem a força do espiritual.

Para finalizar as reflexões aqui expostas, é interessante acrescentar uma das afirmações de Lefebvre:

> A programação do cotidiano dispõe de meios poderosos: ela tem seus acasos, mas também a iniciativa, o impulso na 'base' que faz balançar todo o edifício.
>
> Seja o que vier, a mudança no cotidiano permanecerá o critério da mudança (Lefebvre, 1981, III, p. 46).

IV

O Cotidiano e a Prática Social dos Assistentes Sociais

1. Este texto foi especialmente escrito para nos ajudar a refletir e compreender a vida cotidiana, espaço da práxis realizada pelos assistentes sociais.

A vida cotidiana não tem sido objeto de estudos e investigações por parte destes profissionais e, no entanto, ela é, como pudemos verificar, questão fundamental.

É nela que se consolidam, se perpetuam ou se transformam, no mundo moderno, as condições de vida mais amplas. E é nela e sobre ela que realizamos nossa prática.

Muitas vezes, buscamos nosso referencial de ação nas complexas relações sociais de reprodução e dominação, ignorando o cotidiano como palco onde estas mesmas relações se concretizam e se afirmam.

Muitas vezes, buscamos a totalidade fora da vida cotidiana, esquecendo que esta mesma vida contém a totalidade e nela é que se processam muitas das mediações entre o particular e o global, entre o singular e o coletivo.

2. O assistente social é um dos mediadores privilegiados na relação entre população dominada, oprimida ou excluída, e o Estado. Esta afirmação, voz corrente entre assistentes sociais, merece ser retomada de forma explicitadora.

O Serviço Social é uma profissão que tem características singulares. Ela não atua sobre uma única necessidade humana (tal qual o dentista, o médico, o pedagogo...) nem tampouco se destina a todos os homens de uma sociedade, sem distinção de renda ou classe. Sua especificidade está no fato de atuar sobre todas as necessidades humanas de uma dada classe social, ou seja, aquela formada pelos grupos subalternos, pauperizados ou excluídos dos bens, serviços e riquezas dessa mesma sociedade.

É por isso que os profissionais de Serviço Social atuam basicamente na trama das relações de conquista e apropriação de serviços e poder pela população excluída e dominada.

É por isso que falamos em mediação. Quando falamos em mediação, estamos nos referindo a uma categoria da práxis presente em nossa prática, que tem dimensões mais profundas e um caráter eminentemente político.

Sartre vale-se do termo mediação para expressar a passagem. É com este significado que ele emprega o termo quando defende o método psicanalítico como mediação privilegiada que permitiria passar das determinações gerais e abstraías a certos traços do indivíduo singular (Sartre, 1979).

A mediação diz respeito aos processos de passagem. Como diz Guiomar de Mello, a mediação se refere a processos existentes na realidade objetiva, presentes nas relações que ocorrem entre partes, forças e fenômenos de uma totalidade. Tais processos são extremamente dinâmicos e, como não existe um momento específico da mediação, mas tão somente o *movimento,* os atributos deste, abstraídos, podem ser sintetizados sob o termo mediação

(Mello, 1982). O movimento se realiza por mediações que fazem a passagem. A mediação exige o afastamento de oposições irredutíveis e sem sínteses superadoras, o que não significa a negação e ausência das contradições; ao contrário, é preciso compreender que forças e relações contraditórias existem e coexistem no processo, na totalidade, produzindo o movimento.

As atividades desenvolvidas pelo Serviço Social se traduzem em mediações de dois níveis:

- a passagem da exclusão, do não uso ou usufruto de bens e serviços da sociedade, para a inclusão e usufruto efetivo;
- a apreensão, no nível da consciência, das relações e determinantes existentes entre o destino singular sentido e vivido por cada um e o destino de classe social a que pertencem. Esta apreensão faz a passagem singular/coletivo.

3. Na mediação, o assistente social trabalha duas dimensões da população pauperizada ou excluída, que comportam grandes contradições:

- a de usuário dos serviços do Estado;
- a de satisfação de necessidades.

Nós já refletimos anteriormente a substituição progressiva da figura de cidadão pela de usuário. Basta aqui acrescentar outra afirmação de Lefebvre:

> No início, ela [a representação do usuário] pareceu a expressão de uma força reivindicativa capaz de agir na e sobre a cotidianidade. Ela pareceu subversiva no que dizia respeito aos múltiplos serviços exteriores ao trabalho produtivo, mas indispensáveis à produção e à reprodução das relações sociais, no que constitui a organização social da cotidianidade: transportes e comunicações, habitação, saúde etc.

> O usuário, nesta perspectiva, iria se tornar o elemento primordial de uma força construtiva e crítica, que reabilitaria o valor de uso, subordinado ao valor de troca e à troca, até o ponto de ser apenas seu suporte (Lefebvre, 1981, III, p. 80).

No entanto, não encontramos hoje este resultado. Ao contrário, nós já vimos, o Estado do Bem-Estar Social e a produção capitalista cunharam um usuário servil, voraz e individual, que busca a satisfação de necessidades. O Estado e a produção capitalista moderna engendraram na vida cotidiana atual, aparentemente, um único valor: a satisfação.

> Ser satisfeito, eis o modelo geral de ser e de viver, do qual os promotores e apoiadores não veem que ele engendra o mal-estar. Porque a busca da satisfação e o fato de ser satisfeito pressupõe a fragmentação do 'ser' em atividades, em intenções, em necessidades, todas bem determinadas, isoladas, separáveis e separadas do Todo (Lefebvre, 1981, III, p. 83).

A provisão ou negociações da provisão das necessidades básicas da população pauperizada é uma das funções do Serviço Social.

Sabemos que o atendimento dessas necessidades é realizado de forma setorizada, fragmentada, como se o indivíduo fosse um somatório de necessidades a serem satisfeitas, cada uma delas pela superposição de instituições específicas. Sabemos igualmente que, no caso brasileiro, o atendimento a estas necessidades é pulverizado e individualizado, requerendo sempre uma seleção ou triagem que confirme o mérito ou validade do pedido de atendimento.

Esta seleção e triagem conduzem a um afunilamento da demanda, da qual são atendidos 5 a 10% dos solicitantes, mas que permite concretizar uma realidade, mesmo que ilusória, de atendimento.

Sabemos, por fim, que os pauperizados e oprimidos deverão realizar uma verdadeira peregrinação pelas instituições, submetendo-se em todas elas a um mesmo ritual de seleção, onde aprenderão em geral as estratégias de sucesso para obter satisfação de suas reivindicações: estratégias essas, em geral, baseadas na alienação, privilégio ou astúcia individual ou coletiva. Uma vez satisfeitos, eles aspirarão a outras necessidades, induzidos pela privação opressora e, igualmente, pela sociedade consumista moderna.

Separar o joio do trigo não é tarefa fácil. Aprender o caminho coletivo da conquista, sem cair na alienação, exige dos assistentes sociais e militantes políticos estratégias de ação baseadas na leitura desta mesma realidade e poder de interferência sobre os sistemas que mantêm este Estado.

4. O assistente social atua no cotidiano dos grupos sociais oprimidos, introduzindo, na maioria das vezes, mesmo sob a roupagem de uma ação revolucionária, o progresso, o conforto, como fins em si próprios.

A conquista singular ou coletiva da habitação, da creche, do seguro-desemprego etc. podem sempre resultar em avanço simplesmente do progresso ou representar rupturas e saltos a nível da consciência e de poder dos grupos oprimidos.

A direção social que se dá à prática é sem dúvida uma questão fundamental. Temos certeza que desejamos revolucionar radicalmente nossa realidade brasileira com vistas a suprimir a opressão e a desigualdade. Mas o que é revolucionar radicalmente? Será tão somente conquistar melhores condições de vida material? Obter acesso efetivo a bens, serviços e riqueza de nossa sociedade? Conquistar uma real distribuição da renda e riqueza nacional? Segundo que modelos? O modelo do Estado do Bem-Estar Social? O dos chamados países socialistas? Parece que não. Nesses dois modelos, o Estado assume abusivamente o controle e a gerência do coletivo, invadindo mesmo a vida cotidiana de todos os dias e de todos os homens.

Outra questão: vamos querer um desenvolvimento econômico, social e político que aniquile algumas das estratégias de sobrevivência dos oprimidos no Terceiro Mundo, pautadas, por exemplo, na solidariedade, complementariedade, no comunitário e no coletivo como relação querida?

Há que se considerar (e ela é tão esquecida como força traiçoeira!) a força da direção social dada pela própria sociedade capitalista transnacional. Ela é fortemente penetrante em nosso cotidiano, como sedução constante do progresso, de possuir e usufruir bens materiais que encarnam o "todo dia", ameaçando outras direções sociais possíveis; mesmo porque ela tem um instrumento poderoso: a informação e a informática.

É preciso pensarmos de forma mais clara e menos leviana a direção social de nossa prática. Não só porque trabalhamos especialmente na mediação dominados/dominantes, mas também porque parece que a leitura da realidade complexa que vivemos hoje e o *avenir* são tarefas difíceis, assim como a escolha dos processos e das estratégias de ação.

O esforço e seriedade para pensá-la deve ser coletivo, envolvendo sobretudo a própria população nessa reflexão.

5. A outra questão, que parece menor, se insinua, no entanto, como de importância progressiva na práxis social: a questão da confiança social. Nós já falamos dela, mas é necessário reintroduzi-la aqui.

A confiança social no mundo moderno parece se deslocar. Os indivíduos e grupos estão deixando de creditar confiança no saber teórico, nas ideologias, nas grandes instituições, no Estado.

A confiança parece ser creditada no próximo, no local, nas pequenas organizações que os próprios indivíduos controlam e, porque controlam, parecem escapar a manipulações maiores.

É assim que nossa prática precisa dar atenção igualmente aos níveis microssociais e rever as estratégias e processos de ação para esses níveis. Parece se insinuar como fundamental o resgate do trabalho competente junto aos pequenos grupos e a articulação igualmente competente entre estes, de forma a introduzir uma rede de relações capaz de introduzir e solidificar um processo de identificação e confiança entre os oprimidos. É a famosa relação dialética entre o singular e o coletivo, entre o micro e o macrossocial. A prática não pode dicotomizar essas instâncias.

6. Nesse processo de pensar a prática social, no contexto de nossas reflexões, parece se insinuar como estratégia principal de ação a revalorização e reforço de uma diversa e extensa rede de relações sociais. A força da prática social está no desenvolvimento de um processo aberto, mobilizador de relações, reflexão e ação intergrupos. É a ação conjugada de um corpo social múltiplo e expressivo que introduz efeitos transformadores a nível do coletivo.

Como diz Pierre Rosanvallon, a multissocialização é importante e se processa através de um pluralismo de formas e expressões de sociabilidade:

> São todas estas formas de socialização transversais, que vão da associação formalizada à ação comum informal de prestação de serviços, que podem permitir recolocar a solidariedade na sociedade. [...] Esta reaproximação da sociedade dela mesma não deve ser, portanto, compreendida num sentido estreito (constituição de microcoletividades estáveis e fechadas). Ela passa, ao contrário,[7] pela multiplicação das participações temporárias ou limitadas (Rosanvallon, 1984, p. 122).

7. Esta afirmação de Rosanvallon não é de todo clara ou correta. A reaproximação da sociedade dela mesma envolve ambos os caminhos: as organizações estáveis e as temporárias, não formais. Qualquer caminho exclusivista nos faria recair em novo empobrecimento.

Nesse contexto, é igualmente necessário descartar ideias herméticas, tais como:

> serviço coletivo = Estado = não mercantil = igualdade
>
> serviço privado = mercantil = lucro = desigualdade
>
> (Rosanvallon, 1983, p. 123).

Os equipamentos e serviços sociais propostos e geridos pela comunidade usuária, como alternativa possível, exigem uma nova flexibilidade das políticas sociais. Somente assim, parece, a prática social pode se permitir voos mais criativos e expressivos.

7. Ao repensar a prática social (e a vida cotidiana) torna-se importante recolocar o significado e abrangência do próprio termo prática social, que tem múltiplas abrangências. Ele designa a prática social desenvolvida pelo Estado ou pela iniciativa privada; designa a prática social institucionalizada ou não, a prática desenvolvida por agentes profissionais, militantes políticos, grupos religiosos, filantrópicos, a desenvolvida pelos grupos dominantes e pelos grupos dominados.

A prática social tem sua origem na natural busca de subsistência e existência em sociedade efetivada por indivíduos e grupos sociais. Estes elaboram e realizam uma prática social nascida de suas possibilidades de compreensão e intervenção na realidade com vistas à satisfação mais plena de suas necessidades e motivações.

Os sujeitos da prática social são múltiplos, assim como as práticas sociais que deles derivam. Toda prática social tem uma intenção, um dinamismo, um movimento e um fluxo de relações. O movimento presente à prática social é expressão do "vir a ser" constante desta prática e dos sujeitos que nela interagem. É por isso que o "dever ser" da prática social está em disputa. Não há um único "dever ser".

Em síntese, toda prática social é determinada: por um jogo de forças (interesses, motivações, intencionalidades); pelo grau de consciência de seus atores; pela visão de mundo que os orienta; pelo contexto onde esta prática se dá; pelas necessidades e possibilidades próprias a seus atores e próprias à realidade em que se situam.

As diversas práticas sociais tomam diferentes significados. Elas podem expressar um sentido apenas utilitarista e, portanto, uma ação restrita ao utilitário. Podem valorar apenas o gesto espontaneísta. Podem, ainda, se limitar ao plano da afetividade etc.

A prática social pode tomar, igualmente, uma direção mais profunda e global. É a esta que podemos denominar mais precisamente de práxis social. Ela supõe um processo de reflexão/ação em espiral e, sobretudo, supõe uma atividade humana que se despojou da consciência comum, da prática utilitária, espontaneísta, e galgou um nível superior de consciência, que se expressa em ação criadora, transformadora, realizante (produtiva, e gratificante (expõe o sujeito como ser total no mundo e com o mundo) (Vázquez, 1986, p. 19).

A práxis social não é jamais um ato do ser singular e isolado. Ela é expressão do sujeito coletivo, transindividual. Como Goldmann afirma, há inúmeros sujeitos transindividuais (família, grupos de amigos, grupo profissional etc.), cujas ações se intercruzam e constituem a trama da sociedade global. Mas há uma categoria de sujeitos transindividuais cuja ação tem uma pertinência particular nas transformações históricas: são os grupos sociais cuja práxis e consciência são orientadas não para um setor particular da sociedade, mas para o conjunto das relações inter-humanas, seja para conservá-las, seja para transformá-las. Tais grupos sociais são, para Goldmann, assim como para Marx, as classes sociais (Löwy et al. 1973, p. 33).

Também para eles, somente as classes oprimidas possuem potencialmente a possibilidade de revolucionar a sociedade, suprimindo a opressão e conquistando para o todo social níveis mais plenos de liberdade e realização humana. Somente tais grupos podem realizar uma práxis social que

> afirma como valor supremo a realização histórica de uma comunidade humana autêntica que só pode existir entre homens inteiramente livres, comunidade que pressupõe a supressão de todos os entraves sociais, jurídicos e econômicos à liberdade, a supressão das classes sociais e da exploração (Goldmann, 1979, p. 33).

Uma práxis social é sempre movida por uma visão de homem-mundo:

> Uma visão de mundo é precisamente esse conjunto de aspirações, de sentimentos e de ideias que reúne os membros de um grupo (mais frequentemente, de uma classe social) e os opõe aos outros grupos (Goldmann, 1979, p. 20).

Esta visão de mundo corresponde sempre ao máximo de consciência possível destes mesmos sujeitos coletivos.

A prática social exercida pelos profissionais de Serviço Social se articula às demais práticas, mas, sobretudo, ela deve se articular e buscar seu horizonte e sua direção nas práticas movidas pelos grupos sociais oprimidos, pois são estes os portadores possíveis do máximo de consciência sobre as direções alternativas do caminhar histórico revolucionário.

Finalizando, é necessário que tenhamos uma direção e uma concepção clara de nossa prática profissional. Ela não pode ser, e nem é, neutra. Para cumprir seu papel mediador, esta prática tem que estar embasada numa visão de mundo. É esta visão de mundo que, em última instância, fornece os horizontes, a direção e as estratégias de ação. Fornece, igualmente, as bases de um ato reflexivo partilhado, portanto, coletivo, consciente e criativo.

É ainda importante dizer que toda prática social eficaz é produto igualmente da paixão:

> Se amas sem despertar amor, isto é, se teu amor, enquanto amor, não produz amor recíproco, se mediante sua exteriorização de vida como homem amante não te convertes em homem amado, teu amor é impotente, uma desgraça (Marx, 1978a).

Março de 1987

Bibliografia

BAILLEAU, Francis et al. *Lectures sociologiques du travail social.* Paris: Éditions Ouvrières, 1985.

BENJAMIN, Walter. *Essais 2:* Thèses sur la philosophie de l'histoire. Paris: Éditions Denoël, 1971-1973.

BERMAN, Marshall. *Tudo que é sólido se desmancha no ar.* São Paulo: Companhia das Letras, 1987.

BUCI-GLUCKSMANN, Christine; THERBORN, Göran. *Le défi social démocrate.* Paris: François Maspero, 1984.

ECO, Umberto. *Viagem na irrealidade cotidiana.* Rio de Janeiro: Nova Fronteira, 1984.

GOLDMANN, Lucien. *Dialética e cultura.* Rio de Janeiro: Paz e Terra, 1979.

GOFFMAN, Erving. *La mise-en-scène de la vie quotidienne.* Paris: Les Éditions de Minuit, 1973.

GORZ, André. *Adieu au prolétariat:* au-délà du socialisme. Paris: Éditions Galilée, 1980.

HELLER, Agnes. *O quotidiano e a história.* Rio de Janeiro: Paz e Terra, 1972.

KOSIK, Karel. *Dialética do concreto.* Rio de Janeiro: Paz e Terra, 1976.

LEFEBVRE, Henri. *La vie quotidienne dans le monde moderne.* Paris: Éditions Gallimard, 1968.

LEFEBVRE, Henri. *Critique de Ia vie quotidienne,* I: Introduction. Paris: L'Arche Éditeur, 1961.

_______. *Critique de la vie quotidienne,* II: Fondements d'une sociologie de la quotidienneté. Paris: L'Arche Éditeur, 1977.

_______. *Critique de la vie quotidienne,* III: de Ia modernité au modernisme (Pour une métaphilosophie du quotidien). Paris: L'Arche Éditeur, 1981.

LÖWY, Michael et al. *Goldmann.* Paris: Éd. Seghers, 1973.

LUKÁCS, Georg. *L'âme et les formes.* Paris: Éditions Gallimard, 1974.

_______. *História e consciência de classe.* Porto: Publicações Escorpião, 1974.

MAFFESOLI, Michel. *La conquête du présent.* Paris: Presses Universitaires de France, 1979.

_______. *La connaissance ordinaire.* Paris: Librairie des Mé律ediens, 1985 (Coleção Societés).

MARX, Karl. Manuscritos econômicos-filosóficos. In: *Os Pensadores.* São Paulo: Abril Cultural, 1978a.

_______. Teses contra Feuerbach. In: *Os Pensadores.* São Paulo: Abril Cultural, 1978b.

MELLO, Guiomar Namo de. *Magistério de 1º grau:* da competência técnica ao compromisso político. São Paulo: Cortez/Autores Associados, 1982.

ROSANVALLON, Pierre. *La crise de l'Etat providence.* Paris: Éditions du Seuil, 1984.

SARTRE, Jean-Paul. *Questão de método.* Rio de Janeiro: Difel, 1979.

VÁZQUEZ, A. S. *Filosofia da práxis.* 3. ed. Rio de Janeiro: Paz e Terra, 1986.

Para a Crítica da Vida Cotidiana

José Paulo Netto

O interesse crescente que a temática da cotidianidade vem adquirindo entre os assistentes sociais, nos anos mais recentes, é um dado a ser tomado a sério pelos analistas do Serviço Social.

Na dinâmica de uma profissão que se tem desenvolvido frequentemente com a incorporação acrítica dos mais variados modismos intelectuais, a aquisição de outro *dernier cri* poderia merecer apenas um sorriso cético. No entanto, pela significação imanente da problemática da vida cotidiana, a nova coqueluche não oferece somente a oportunidade para a reiteração de condutas já conhecidas, quase todas concorrentes para aquela velha síndrome das teorizações da profissão — o ecletismo mais chão.

Com efeito, a colocação da cotidianidade no campo de reflexão do Serviço Social se reatualiza simultaneamente com os riscos polares do racionalismo limitado (*v.g.*, a moléstia positivista) e da derivação irracionalista (*v.g.*, a vertente fenomenológica), por outra parte abre uma alternativa preciosa: a de uma apropriação séria e responsável do arsenal crítico da teoria social de Marx, especialmente do complexo categorial que esta elaborou para dar conta do modo de ser e reproduzir-se do ser social.

As determinações fundamentais da cotidianidade

A tradição marxista acumulou, nas últimas quatro décadas, uma significativa massa crítica, apta a configurar — num espectro heurístico diferenciado, que vai do historicismo à impostação ontológica — os componentes essenciais de uma teoria da vida cotidiana.[1]

No interior deste acervo, a contribuição mais decisiva para uma tal teoria está contida nos trabalhos derradeiros de G. Lukács, fundamentalmente naqueles em que o filósofo húngaro procurou embasar o que chamou de "a peculiaridade do estético".[2] O que é especialmente relevante no contributo de Lukács — sobre o qual, aliás, repousa o essencial dos trabalhos de Heller sobre a cotidianidade[3] — é, precisamente, a *riqueza categorial:* a pesquisa lukacsiana da ontologia do ser social, concretizada inicialmente na investigação sobre a cotidianidade, é um monumento teórico no que toca ao resgate e à reelaboração de categorias histórico-sistemáticas.[4]

---

1. Cf., por exemplo, Henri Lefebvre (1968-1981 e 1968); Karel Kosik (1969); Agnes Heller (1975 e 1972).

2. Cf. G. Lukács (1966). Para uma didática síntese da obra teórica deste filósofo, o leitor pode recorrer ao meu opúsculo *George Lukács. O guerreiro sem repouso.* São Paulo: Brasiliense, 1983a (Coleção Encanto Radical, nº 28).

3. De fato, até inícios da década de 70 (período em que redige os textos citados na nota 1, Heller era uma fiel discípula de Lukács — como, aliás, a chamada "escola de Budapeste"; sua evolução posterior, porém, conduziu-a a um progressivo afastamento das posições lukacsianas (e, mesmo, do marxismo).

4. A mesma Heller realçou esta riqueza categorial (1986). Cabe lembrar que a *Estética,* aliás inacabada, já está enformada pelas preocupações que tomarão corpo na última grande e ambiciosa obra de Lukács, a *Ontologia do ser social* (*Ontologia dell'essere sociale.* Roma: Riuniti, 1976-1980; fragmentos deste texto estão vertidos em *Ontologia do ser social. A falsa e a verdadeira ontologia de Hegel* e *Ontologia do ser social. Os princípios ontológicos fundamentais de Marx.* São Paulo: Ciências Humanas, 1979).

Esbocemos, primeiramente e de forma mais que sumária, o tratamento que Lukács oferece da cotidianidade.

Na ótica lukacsiana, a vida cotidiana é *insuprimível.* Não há sociedade sem cotidianidade, não há homem sem vida cotidiana. Enquanto espaço-tempo de constituição, produção e reprodução do ser social, a vida cotidiana é ineliminável. O que, em Lukács, não lhe confere nenhum caráter meta-histórico: se em *toda* sociedade existe e se põe a cotidianidade, em cada uma delas a *estrutura* da vida cotidiana é distinta quanto ao seu *âmbito,* aos seus *ritmos* e *regularidades* e aos *comportamentos diferenciados dos sujeitos coletivos* (grupos, classes etc.) *em face da cotidianidade.*

A vida cotidiana, posta assim em sua insuprimibilidade ontológica, não se mantém como numa relação seccionada com a história. O cotidiano não se descola do histórico — antes, é um dos seus níveis constitutivos: o nível em que a reprodução social se realiza na reprodução dos indivíduos enquanto tais.[5]

E quais são, para Lukács, as determinações fundamentais da cotidianidade? Ei-las:

a) a *heterogeneidade:* a vida cotidiana configura o mundo da heterogeneidade. Interseção das atividades que compõem o conjunto das objetivações do ser social, o caráter heteróclito da vida cotidiana constitui um universo em que, simultaneamente, se movimentam fenômenos e processos de natureza compósita (linguagem, trabalho, interação, jogo, vida política e vida privada etc.);[6]

---

5. Aprofundando essa determinação. Heller desenvolverá o tema do cotidiano como nível de reprodução *direta* do indivíduo enquanto tal no mesmo processo em que este reproduz *indiretamente* a sociedade.

6. Esta heterogeneidade é um dado *ontológico* da vida cotidiana, que não elimina, antes supõe, uma *hierarquia* entre as diferentes atividades que constituem a cotidianidade. A hierarquia é uma função estritamente sócio-histórica; cf. Heller (1972, p. 18).

b) a *imediaticidade:* como os homens estão *agindo* na vida cotidiana, e esta ação significa *responder ativamente*,[7] o padrão de comportamento próprio da cotidianidade é a relação *direta* entre pensamento e ação; a conduta específica da cotidianidade é a conduta *imediata*, sem a qual os automatismos e o espontaneísmo necessários à reprodução do indivíduo enquanto tal seriam inviáveis;

c) a *superficialidade extensiva:* a vida cotidiana mobiliza em cada homem todas as atenções e todas as forças, mas não toda *a* atenção e toda *a* força; a sua heterogeneidade e imediaticidade implicam que o indivíduo responda levando em conta o *somatório* dos fenômenos que comparecem em cada situação precisa, sem considerar as *relações* que os vinculam.

Estas determinações fundamentais da cotidianidade — mais exatamente: estes componentes ontológico-estruturais da vida cotidiana — ganham uma importância primária na escala em que, segundo Lukács, a vida cotidiana é o alfa e o ômega da existência de todo e cada indivíduo. Nenhuma existência individual cancela a cotidianidade. Daí que esta imponha aos indivíduos um padrão de comportamento que apresenta modos típicos de realização, assentados em características específicas que cristalizam uma modalidade de ser do ser social no cotidiano, figurada especialmente num pensamento e numa prática peculiares. Ambos se expressam, liminarmente, num *materialismo espontâneo* e num tendencial *pragmatismo.* Os constrangimentos da dinâmica cotidiana exigem que os indivíduos respondam a eles sem pôr em causa a sua objetividade material — mesmo o solipsista mais extremo, atravessando uma

7. Nas disquisições sobre a ontologia do ser social avançadas em *Conversando com Lukács* (Vários, 1969), o homem é compreendido como "o ser que dá respostas".

avenida, estuga o passo para escapar de um veículo, sem questionar a natureza da sua representação mental. A mesma dinâmica requisita dos indivíduos respostas funcionais às situações, que não demandam o seu conhecimento interno, mas tão somente a manipulação de variáveis para a consecução de resultados eficazes — o que conta não é a reprodução veraz do processo que leva a um desfecho pretendido, porém o desfecho em si; no plano da cotidianidade, o critério da utilidade confunde-se com o da verdade.

Há mais, todavia: aquelas determinações da cotidianidade fazem com que todo e cada indivíduo só se perceba como *ser singular*,[8] vale dizer: a dimensão genérica (a referência à pertinência ao humano-genérico) aparece subsumida, na vida cotidiana, à dimensão da singularidade. A vida cotidiana não equivale à vida privada, mas à vida equacionada a partir da perspectiva estrita da singularidade. Este passo do pensamento lukacsiano tem as maiores implicações.

Já se referiu ao fato de, na cotidianidade, o indivíduo ter mobilizadas todas as suas forças e todas as suas atenções; a heterogeneidade própria à vida cotidiana tensiona o indivíduo de forma abrangente, faz com que ele atue inclusivamente como uma unidade (exceto ao custo do seu estilhaçamento enquanto indivíduo). Ele opera como um todo: atua, nas suas objetivações cotidianas, como um *homem inteiro* — mas sempre no âmbito da singularidade. Ora, o acesso à consciência humano-genérica não se realiza neste comportamento: só se dá quando o indivíduo pode superar a singularidade, quando ascende ao comportamento no qual joga não *todas as suas forças*, mas *toda sua força* numa objetivação duradoura (menos instrumental, menos imediata), trata-se, então, de uma mobilização anímica que *suspende* a heterogeneidade da vida

---

8. Para a categorização lukacsiana da singularidade, da universalidade e da particularidade, cf. especialmente Lukács, 1970.

cotidiana — que *homogeneíza* todas as faculdades do indivíduo e as direciona num projeto em que ele transcende a sua singularidade numa objetivação na qual se reconhece como portador da consciência humano-genérica. Nesta suspensão (da heterogeneidade) da cotidianidade, o indivíduo se instaura como *particularidade*, espaço de mediação entre o singular e o universal, e comporta-se como *inteiramente homem*.[9]

De acordo com Lukács, há três formas privilegiadas de objetivação nas quais os procedimentos homegeneizadores superam a cotidianidade: o trabalho criador,[10] a arte e a ciência. Estas três objetivações mais altas constituem esferas que se destacaram das objetivações cotidianas graças a um longo processo histórico de complexa diferenciação, adquirindo autonomia e legalidade próprias[11] — processo que, em si mesmo, é o da constituição do ser social.

As suspensões que engendram estas objetivações, contudo, não cortam com a cotidianidade (insuprimível e ineliminável) —

9. Grosseiramente, pois, na vida cotidiana o indivíduo é *homem inteiro;* nas suspensões — veremos quais em seguida —, é *inteiramente homem*. No primeiro caso, a singularidade, mesmo contendo as determinações humano-genéricas, permanece inultrapassada; no segundo, supera-se na particularidade (na *Sociologia*..., Heller, 1975, que desenvolve especialmente estas questões, vale-se de uma nomenclatura um pouco diferenciada).

10. Trata-se, obviamente, do trabalho posto como objetivação não alienada *(work*, não *labour)*. Aliás, o trabalho é situado por Lukács — na melhor inspiração marxiana — como a objetivação privilegiada do ser social, como o modelo da prática social, já que nele comparece cristalinamente a *teleologia* e a *valoração* que fundam a socialidade e a comunicação interindividual.

11. Na análise genético-estrutural (histórico-sistemática) da constituição dessas esferas reside um dos mais sólidos méritos da investigação do último Lukács e é impossível resumi-la em poucas linhas. Mas é de salientar a estrutura e a funcionalidade diversas que elas possuem, ainda que — como Lukács reiteradamente enfatiza — remetam à unidade ontológica da realidade. Esta pontuação é tanto mais importante quanto ele distingue a arte, como processo de autoconsciência da humanidade (portanto, um reflexo antropomorfizador da realidade), da ciência, como processo de conhecimento da estrutura objetiva da natureza, da sociedade e do seu intercâmbio (portanto, um reflexo desantropomorfizador da realidade).

são, justamente, "suspensões da cotidianidade".[12] Elas — que permitem aos indivíduos, via homogeneização, assumirem-se como seres humano-genéricos — não podem ser contínuas: estabelecem um circuito de retorno à cotidianidade; ao efetuar este retorno, o indivíduo enquanto tal comporta-se cotidianamente com mais eficácia e, ao mesmo tempo, percebe a cotidianidade diferencialmente: *pode* concebê-la como espaço compulsório de humanização (de enriquecimento e ampliação do ser social). Está contida aqui, nitidamente, uma dialética de tensões: o retorno à cotidianidade após uma suspensão (seja criativa, seja fruidora) supõe a alternativa de um indivíduo mais refinado, *educado* (justamente porque se alçou à consciência humano-genérica); a vida cotidiana permanece ineliminável e inultrapassável, mas o sujeito que a ela regressa está modificado. A dialética cotidianidade/suspensão é a dialética da processualidade da constituição e do desenvolvimento do ser social.

Resta insistir em que, para Lukács, a vida cotidiana contém, na sua objetividade heteróclita, todos os componentes que cada uma daquelas esferas reproduz e reelabora segundo a sua legalidade específica — as determinações e configurações do trabalho, da ciência e da arte estão postas na realidade mesma.[13] De fato, todas as determinações a que a prática da transformação, a razão teórica e a reflexão estética conferem formulação específica jazem no espaço do que Marx designou como o metabolismo entre sociedade e natureza.

---

12. O próprio Lukács adverte que não existe uma muralha chinesa separando os comportamentos cotidianos dos que não o são.

13. A problemática religiosa — que não pode ser eludida nestas considerações — recebe um amplo tratamento na parte final da *Ontologia do ser social*. Quanto à ascensão ao humano-genérico por via da moral (que não constitui uma esfera, mas uma relação entre esferas), quem a tematizou especialmente foi Heller (1975).

A postura teórico-metodológica

O esquemático (e até tosco) excurso precedente não pretendeu sumariar a concepção lukacsiana da cotidianidade. Antes, teve como objetivo sugerir — ainda que nos marcos sinóticos deste texto de ocasião — que o tratamento consequente da vida cotidiana reclama um aparato categorial e um referencial teórico que cancelam liminarmente os procedimentos costumeiros de que os assistentes sociais lançamos mão com frequência.

Parece-me que nele estão embutidas três interdições que vale a pena salientar.

Em primeiro lugar, cumpre realçar que não se legitima a análise da vida cotidiana senão quando se superam as balizas do pensamento cotidiano — no bojo do qual os procedimentos analógicos, as tendências antropomórficas e o materialismo espontâneo e pragmático se entrecruzam para plasmar representações puramente instrumentais de interação do indivíduo com o mundo (natural e social).

Não está em jogo, aqui, apenas a infirmação das noções e representações gestadas no quadro da cotidianidade, das quais o preconceito é a figura mais típica.[14] Nem, igualmente, a da romântica e inepta apologia do "saber prático" de segmentos da população — grosseiro viés que anda a permear certas formulações que têm livre curso entre assistentes sociais (e não só). Substantivamente, o que está em causa é o largo espectro de posturas positivistas e neopositivistas, fundamentadas na recepção da objetividade imediata dos processos e fenômenos sociais como sendo a sua realidade estrutural. Mesmo que veladas por sofisticações formalistas (metodologistas, epistemologistas), estas posturas não rompem com

14. Um belo ensaio sobre o preconceito, visualizado como *a* "categoria do pensamento e do comportamento cotidianos", encontra-se em Heller (1972).

a faticidade empírica em que se dá a imediaticidade da vida cotidiana. O tratamento positivista e neopositivista da cotidianidade consagra a sua imediaticidade como instância de verificabilidade e controle das formulações abstratas (quando não reduz a prova destas a equações semânticas), identificando na objetividade dada imediatamente (a pseudoconcreticidade, como a batizou Kosik) a concreção da realidade. Nunca será demasiado reiterar que a filiação positivista da reflexão independe da remissão a uma "escola" — seja comteana, seja derivação neokantiana, seja a filosofia analítica, seja o estruturalismo etc. —, mas consiste, sobretudo, na concepção da faticidade imediata como a fronteira logicizável do pensamento.[15] A "decodificação" do cotidiano através de formas lógicas — e nexos causais — que só o repõem no plano do pensamento é, com efeito, a cilada a que não escapa a reflexão condenada a sacralizar a sua estrutura.

Em segundo lugar, naquele excurso está posto o limite infranqueável que restringe o alcance das abordagens sociológicas (quando não sociologistas) e antropológicas da vida cotidiana.[16] No geral operando ao nível descritivo-monográfico, tais abordagens atêm-se ao que há de perfunctório na cotidianidade.[17] O reducionismo de que se nutrem dilui todas as determinações estruturais e ontológicas da vida cotidiana, subsumindo-as ou num culturalismo que hipertrofia os seus conteúdos simbólicos ou numa sucessão de eventos manipulados que promove a evicção das reais (e operantes) possibilidades de intervenção dos sujeitos sociais.

---

15. A complementaridade entre a razão formal assim limitada (a "miséria da razão") e as tendências irracionalistas (a "destruição da razão") foi competentemente abordada por Carlos Nelson Coutinho (1972). Quanto à estrutura imanente do positivismo e suas derivações em face da faticidade, cf. Leo Kofler (S. Warynski), 1968.

16. O mesmo vale para as aproximações de natureza fenomenológica, as quais, por outra parte — e mesmo rechaçando grosseiro —, não superam os constrangimentos da faticidade. O exemplo canónico, aqui, é o de Schutz.

17. Cf., por exemplo, H. Garfinkel (1967) e E. Goffman (1973). Para observações críticas, cf. A. Gouldner (1971) e B. Smart (1976).

Nem mesmo o ativismo que animou a *Internacional Situacionista* permitiu uma crítica da vida cotidiana assentada em algo mais que o voluntarismo subjetivista (Gombin, 1972), como o atesta uma de suas produções canônicas, que compartilha dos vícios do sociologismo (Debord, 1972). Neste, a caleidoscópica e impressionista descrição da modernidade opera como o sucedâneo da análise estrutural e cabe levantar a reserva que — noutro contexto e visando outro adversário — Sartre formulou: o cinema é substituído pela lanterna-mágica.

Enfim, releva observar — e este aspecto me parece significativo no marco das preocupações vigentes em amplos setores da categoria profissional dos assistentes sociais — que o tratamento consequente da vida cotidiana não é tanto função de um ponto de vista de classe quanto do acervo teórico de que se socorre. Não se trata, é óbvio, de desqualificar o ponto de vista de classe como componente indescartável da produção teórica — já há meio século esta questão foi solucionada: sabemos, por exemplo, que a *perspectiva da totalidade,* na sociedade contemporânea, só é uma alternativa acessível ao investigador que se situe a partir do ponto de vista do proletariado (Lukács, 1974). Entretanto, este ponto de vista não representa nenhuma garantia se não se implementa, heuristicamente, com o resgate e a recuperação críticos dos instrumentos teóricos acumulados no bojo da herança cultural da humanidade, e que se independizaram da sua base classista. Desprovido dessa relação necessária com a herança cultural, o ponto de vista de classe do proletariado se degrada em obreirismo, envergonhado ou descarado; ele só expressa um elemento dinamizador do conhecimento se, e na medida em que, polariza a massa crítica disponível num momento histórico determinado.[18]

---

18. Para ser curto e grosso; o ponto de vista do proletariado só é significativo para a razão teórica na escala em que seu sujeito se revelar o herdeiro da filosofia clássica alemã (Engels).

Pois bem: com isto se clarifica a postura teórico-metodológica requisitada para o tratamento consequente da vida cotidiana — a postura inaugurada com a obra marxiana, recuperando precisamente a filosofia clássica alemã (o método dialético formulado por Hegel) e instaurando como operação fundamental a análise histórico-sistemática dos processos sociais. Ela implica a construção de uma imagem rigorosa do homem como *ser prático e social*, produzindo-se a si mesmo através de suas objetivações (a práxis, de que o processo do trabalho é o modelo privilegiado) e organizando as suas relações com os outros homens e com a natureza conforme o nível de desenvolvimento dos meios pelos quais se mantém e reproduz enquanto homem. Isto é: há aqui uma antropologia cuja ontologia é a matéria da história.[19]

Trata-se de uma postura teórico-metodológica *stricto sensu*: o método não é um componente alienável da teoria. Ele não se forja, também, independentemente do objeto que se pesquisa — é uma relação *necessária* pela qual o sujeito que investiga pode reproduzir intelectualmente o processo do objeto investigado, para apanhar o *movimento constitutivo do ser social* — e a reprodução intelectual deste configura a base da teoria mesma. O circuito investigativo, recorrendo compulsoriamente à abstração, avança do empírico (os "fatos"), apreende as suas relações com outros conjuntos empíricos, pesquisa a sua gênese histórica e o seu desenvolvimento interno — e reconstrói, no plano do pensamento, todo este processo. E, ao fim e ao cabo, por aproximações sucessivas, regressa ao seu ponto de partida; mas os "fatos", a cada nova e subsequente abordagem, mostram-se produtos de relações históricas crescen-

19. Eis por que se pode falar de essência humana (*humanitas*) sem qualquer concessão ao a-historicismo, a uma pretensa "condição humana". Ao contrário, a essência humana — atributos que o ser social *produz* na sua história ao *se* desenvolver — é uma estrutura dinâmica de possibilidades que se dão no desenrolar da história. Segundo G. Markus (1975), ela se caracteriza por cinco componentes: o trabalho, a socialidade, a universalidade, a consciência e a liberdade.

temente complexas e mediatizadas, podendo ser contextualizados de modo concreto e inseridos no movimento macroscópico que os engendra e de que são índices.

Uma tal postura teórico-metodológica rompe radicalmente com a faticidade — daí o seu traço negativo.[20] Nada concede ao empírico, ao dado — nega-o para apanhar o seu movimento, a sua tendencialidade. Contudo, ao apreender a historicidade dos processos simultaneamente às suas particularidades internas, preserva as suas especificidades. Donde a sua aptidão para operar o tratamento consequente e adequado da cotidianidade: preserva o seu ser existente — espaço de reprodução do indivíduo enquanto tal —, reenviando-o ao processo inclusivo do qual é apenas um nível, um momento, processo que é o da produção do ser social como humano-genérico.

As categorias centrais

Claro está, a esta altura, que os procedimentos crítico-analíticos em questão implicam o resgate da fonte original marxiana em sua estreita conexão (que se constitui da clássica *superação* [*Aufheben*]) com a formulação da dialética hegeliana. Nesse sentido, é urgente romper com as várias interpretações positivistas e neopositivistas dos marxistas posteriores;[21] para reencontrar a "ortodoxia" que, conforme o Lukács de 1923, reside exclusivamente

20. Traço que é conforme a natureza da razão: "O *intelecto* determina e mantém firmes as determinações. A razão é negativa e *dialética*, porque resolve no nada as determinações do intelecto; é *positiva*, porque cria o universal e nele compreende o particular" (Hegel, 1968, p. 29).

21. Se, em larga medida, caíram em descrédito, no âmbito do Serviço Social, as formulações grosseiramente mecanicistas do gênero Segunda Internacional, a verdade é que a esterilidade althusseriana ainda marca entre nós uma presença dolorosa (para a crítica das deformações praticadas por Althusser, cf. especialmente E. P. Thompson, 1983; e A. S. Vázquez, 1980; ver também a obra de Coutinho, 1972). Por outro lado, as versões vulgarizadas do pensamento de Gramsci não favorecem um desenvolvimento adequado das possibilidades da matriz marxiana.

no problema do método.[22] Sem aquele resgate e este rompimento, torna-se visceralmente problemático o tratamento consequente da cotidianidade, mantendo-se a tendência de colmatar as pretensas e/ou eventuais lacunas da teoria social de Marx com produtos elaborados segundo parâmetros teóricos que, em verdade, os convertem em apêndices que, além de desnecessários, são incompatíveis com a matriz marxiana.[23]

O sentido desta requisição — talvez não seja supérfluo esclarecê-lo — nada tem a ver com uma concepção conclusa e acabada da teoria marxiana. Muito ao contrário: quem supuser que os problemas teóricos e práticos postos pelo mundo contemporâneo têm a sua solução inscrita em Marx (ou, em geral, nos "clássicos") seguramente não se norteará na complexidade deste final de século.[24] A questão não se coloca em termos de pretensas soluções definitivas de Marx; coloca-se no enfrentamento dos novos problemas (ou de problemas descurados ou maltratados pelos "clássicos") a partir da perspectiva crítico-dialética por ele inaugurada.

Esta perspectiva, que embasa a postura teórico-metodológica atrás mencionada, assenta, de um lado, num ponto de vista de classe — o do proletariado enquanto sujeito histórico revolucionário. Retire-se da obra de Marx o ponto arquimédico que a perspectiva da revolução lhe oferece e teremos um Marx sociólogo, economis-

---

22. Cf. o primeiro ensaio de *História e consciência de classe* (Lukács, 1974).

23. Basta verificar o uso recente, em textos da bibliografia profissional, de autores como Foucault (foi preciso que José Guilherme Merquior desse à luz o seu *Foucault ou o niilismo de cátedra*, 1986, para ajudar a desfazer os equívocos mais grosseiros) para avaliar da procedência desta notação. Especialmente no que tange à problemática do indivíduo, sua socialização e a estrutura da sua personalidade é que as contrafações se revelam mais assombrosas, ignorando-se a polémica e a produção que se desenvolveram de Adam Schaff (1967) a Lucien Sève (1972).

24. Noutro lugar, tive oportunidade de afirmar, em relação a Marx, que a sua obra é *necessária*, "mas não *suficiente* para explicar/compreender e revolucionar o mundo contemporâneo" (Netto, 1985, p. 8).

ta, filósofo — ou o especialista que melhor agradar ao gosto do mandarinato acadêmico.

O citado ponto de vista, porém, não se perfila como uma relação extrínseca entre a obra de Marx e a classe operária, ou uma relação *política;* em troca, temos em tela um *nexo imanente,* uma relação genética e metodológica entre Marx e o proletariado — ainda que este não cumpra com a "missão histórica" que aquele lhe atribui, o nexo está dado porquanto é o proletariado, enquanto classe em si, que, pela sua mera existência, viabiliza a dialética social a partir da perspectiva do processo do trabalho. A assunção do ponto de vista histórico da classe operária, independentemente do trânsito desta à condição de classe para si, é que possibilitou a arquitetura marxiana. A relação entre a teoria social e o proletariado, pois, envolve mediações *lógico-históricas.*[25]

Mas o ponto de vista de classe — explícito e assumido — é somente um aspecto que funda a teoria marxiana, e pouco ou nada renderia não fora o aproveitamento crítico que Marx realiza do patrimônio cultural que já encontra elaborado. E num confronto polêmico com ele, numa conflituosa relação de aceitação, recusa e ultrapassagem, que Marx instaura uma nova inteligibilidade da realidade histórico-social. É deste acervo, desta herança profundamente reelaborada — que remaneja, a que preenche com novos conteúdos, num movimento crítico de extrema complexidade — que Marx parte para construir a teoria social que é a própria autoconsciência do mundo burguês.

Evidentemente, não é este o lugar para esboçar o conjunto categorial, e a sua peculiar articulação, que emerge na consecução da pesquisa marxiana. No entanto, cumpre mencionar algumas das suas características medulares e salientar aquelas que são axiais.

25. Para o desenvolvimento deste ponto, cf. o meu artigo "Teoria e revolução em Marx" (Netto, 1990, p. 61-67).

O cariz da teoria social marxiana é de natureza ontológica.[26] O que nela se visa é a realidade — o ser social (sua produção e reprodução). E esta realidade é sempre, ontológica e historicamente, uma *totalidade*.

A categoria de totalidade — extraída pela razão teórica da estrutura do real, e não posta como modelo abstrato ou hipótese reflexiva[27] — é uma das categorias centrais de Marx[28] porque "a totalidade concreta é [...] a categoria fundamental da realidade" (Lukács, 1974, p. 24-5). A totalidade não se identifica meramente com o todo: significa, antes, a "realidade como um todo estruturado, dialético, no qual ou do qual um fato *qualquer* (classes de fatos, conjuntos de fatos) pode vir a ser racionalmente compreendido" (Kosik, 1969, p. 35).

Exclusivamente no âmbito da apreensão da realidade como totalidade (concreta, estruturada, dinâmica e não indiferenciada, mas com níveis regidos por legalidade própria[29] e tendências detectáveis de desenvolvimento) é que se revestem de sentido as demais categorias lógico-dialéticas (reflexivas) que a razão teórica elabora, construídas a partir da abstração do movimento real.[30]

---

26. "[...] Qualquer leitor sereno de Marx não pode deixar de notar que todos os seus enunciados concretos, se interpretados corretamente [...] são entendidos [...] como enunciados diretos sobre um certo tipo de ser, ou seja, são afirmações ontológicas" (Lukács, 1979, II, p. 11).

27. Recorde-se: "as categorias exprimem [...] formas de modos de ser, determinações de existência [...]" (Marx, 1982, p. 18).

28. Já em 1923, Lukács observava: "é o ponto de vista da totalidade, e não a predominância das causas econômicas na explicação da história, que distingue o marxismo da ciência burguesa. A categoria da totalidade [...constitui] a essência do método que Marx tomou de Hegel e [...] transformou de maneira original para dele fazer o fundamento de uma ciência inteiramente nova. [...] *O reino da categoria da totalidade é o portador do princípio revolucionário da ciência*" (Lukács, 1974, p. 41).

29. "Do ponto de vista ontológico, legalidade significa simplesmente que, no interior de um complexo ou na relação recíproca de dois ou mais complexos, a presença fatual de determinadas condições implica necessariamente, ainda que apenas como tendência, determinadas consequências" (Lukács, 1979, p. 104).

30. Quanto aos procedimentos desta elaboração, cf. o texto marxiano citado na nota 27. No texto citado sobre a ontologia hegeliana, Lukács distingue com nitidez as categorias ontológicas daquelas puramente reflexivas.

No tocante à categorização concreto-abstrato, objeto de tanta degradação no jargão profissional dos assistentes sociais, o cânone marxiano é cristalino: "O concreto é concreto porque é a síntese de muitas determinações, isto é, unidade do diverso" (Marx, 1982, p. 14). Vale dizer: a célebre assertiva concernente ao método que vai do abstrato ao concreto significa a captura das determinações (obtidas através da análise das relações efetivas) pela razão teórica; o concreto, pois, *não* se mostra faticamente, na empiria, imediatamente — é, justamente, a ultrapassagem da faticidade, a sua dissolução (evoque-se o traço *negativo* da razão em face do entendimento) na descoberta das determinações e relações; a famosa indagação acerca das condições em que um negro é um escravo (ou em que uma máquina é capital) atesta-o inequivocamente (Marx, 1965, I, p. 212). É a superação do abstrato — este sim, pondo-se empírica, faticamente — que permite à razão teórica reconstruir e recapturar o concreto.

No mesmo âmbito da totalidade concreta, todavia, é que se reveste da sua inteira relevância a categoria sem a qual carecem de efetividade todas as outras. Trata-se da categoria de *mediação* (*Vermittelung*), que, igualmente, Marx tomou de Hegel.[31] Sem a mediação, de um lado, a própria estrutura da realidade, tomada como totalidade concreta, estaria despida da sua inerente complexidade; e, por outro, a categoria (e a realidade ontológica) da negação — outro componente elementar da realidade e do sistema categorial — se esvaziaria.

---

31. A *Vermittelung* aparece na obra hegeliana especialmente no período de Jena, ocupando lugar proeminente na *Fenomenologia do espírito*, onde é conceitualizada como "a igualdade-consigo-mesmo em movimento" (Hegel, s.d., I, p. 19); para um estudo exaustivo e brilhante deste texto, cf. Lukács (1968). Há um estudo monográfico sobre a categoria da mediação em Hegel: Henri Neil (1945), mas inteiramente comprometido pelos preconceitos do autor.

Voltemos brevemente à estrutura da realidade. Na sua imanência, na sua contraditória complexidade — isto é, "como relação complexo-dinâmica entre complexos dinâmicos" (Lukács, 1979, p. 97) —, a totalidade é a concreta unidade (inidêntica) da interação de contradições e se apresenta constituída de complexos com maior ou menor grau de complexidade;[32] ou seja: trata-se de uma complexidade de segundo grau — da totalidade em si e dos complexos que a constituem. Ora, a relação entre os complexos e no seu interior, na escala em que desborda o leito da conexão mecânica, unilinear e unidimensional, efetiva-se e garante-se por passagens e conversões — determinantes e determinadas — que se devem exatamente aos *processos de mediação:* neles se contêm "todas as forças, processos etc., que determinam objetivamente o nascimento, o funcionamento e o ser-precisamente-assim de um complexo".[33] Nesse sentido, a totalidade concreta é, também, um sistema dinâmico e movente de mediações. O movimento e as tendências que tensionam e transformam a totalidade implicam, para se realizarem contraditoriamente, o sistema de mediações, sempre aberto. A totalidade sem mediação é inerte: as contradições — a negatividade que a permeia e responde pelo devir — não se desenvolveriam em encadeamentos e séries determinadas e determinantes, nem apresentariam caráter de necessidade. A mediação, por seu turno, só existe nos e entre os complexos constitutivos da totalidade — carece de efetividade fora da sua dialética imanente.

Cabe notar que, no plano reflexivo (e já se referiu que a mediação, à diferença da imediaticidade, é não somente uma categoria reflexiva, do pensamento, mas também ontológica), a mediação

---

32. Para ver como, já nos anos 40, Lukács desenvolvia neste sentido a categoria de totalidade concreta como complexo de complexos, cf. I. Mézsáros (1972, Cap. 6).

33. Lukács (1979, I, p. 90). Em seguida, Lukács acrescenta: "A mediação é uma categoria objetiva, ontológica, que tem de estar presente em qualquer realidade, independentemente do sujeito".

expressa o alçar-se do entendimento (*Verstand*) à razão (*Vernunft*).[34] Por outra parte, e em decorrência do estatuto diferencial das duas categorias, é extremamente importante observar que, na totalidade concreta, nenhum objeto — ou fato — é *realmente* imediato (isto é: nenhum objeto se põe ao pensamento sem que seja produto, resultado de mediações); o que ocorre é que, *para o sujeito cognoscente*, ele pode apresentar-se assim. A imediaticidade é uma função da consciência teórica e não um dado ontológico.

A centralidade da categoria de mediação reside em que — na estrutura ontológica da realidade e na sua reprodução pela razão teórica — só ela permite viabilizar a dinâmica da totalidade concreta. Na estrutura da realidade, é através do sistema de mediações que o movimento dialético se realiza: os processos ontológicos se desenvolvem, estruturas parciais emergem, se consolidam, entram em colapso etc., garantida a especificidade da legalidade de seus níveis particulares etc. Na reconstrução do movimento da totalidade concreta, é a categoria da mediação que assegura a alternativa da "síntese das muitas determinações", ou seja, a elevação do abstrato ao concreto — mais exatamente, assegurando a apreensão da processualidade que os fatos empíricos (abstratos) não sinalizam diretamente.

É inteiramente supérfluo indicar que o sistema categorial em que se funda a teoria social de Marx[35] nem de longe se esgota nas categorias que salientei aqui — estas foram mencionadas porque ocupam uma posição privilegiada no andamento teórico-metodo-

34. Cf. nota 20.

35. Não é este o lugar para discutir em que medida a ontologia do ser social está conectada à ontologia do ser natural (orgânico e inorgânico). Ao determinar o contributo de Marx como teoria social — teoria de um ser social determinado historicamente, aquele posto pelo ordenamento societário burguês (mas que permite a iluminação de sua gênese, *cum grano salis)* —, não se elude uma conexão com a ontologia da natureza, mas se demarca esta interpretação da escolástica da *dialética da natureza*.

lógico.[36] Mas é necessário pontuar que este sistema categorial *não* se ergueu segundo uma lógica reflexiva: a "inversão" operada na dialética hegeliana por Marx — para além da atribuição, na gênese e no desenvolvimento da realidade, do primado ontológico ao ser material — consiste em que a sua elaboração expurgou qualquer componente especulativo. Desde o seu primeiro acerto de contas com Hegel, em Kreuznach, em 1843,[37] o projeto marxiano tendia a articular o sistema categorial à base exclusiva da dinâmica do ser social. O desdobramento deste projeto — que aparecerá com seu perfil definido em 1847 e ganhará um rosto nítido a partir de 1857-1859 —, a reconstrução teórica do movimento constitutivo do ser social posto pelo capitalismo, vai desvendar este movimento que, expressando-se sob formas econômicas, políticas e culturais, extravasa todas elas nas mediações que unificam a totalidade concreta — sistema dinâmico e contraditório de relações articuladas que se implicam e se explicam estruturalmente — e constituem o conduto do seu devir. A remissão ontológica da teoria — e do sistema categorial — à totalidade e às mediações se revela na recusa radical de qualquer fatorialismo: a análise da organização da economia (a crítica da economia política) é o ponto de irradiação para a análise da estrutura de classes e da funcionalidade do poder (a crítica do Estado) e das constelações jurídico-políticas (a crítica da ideologia) — com a pesquisa das dimensões e níveis específicos do movimento do ser social remetendo-se de uns a outros (a aná-

36. Haveria que tematizar categorias como objetivação, lei, subsunção, em si, para si, para nós etc., e polaridades como essência-fenômeno, conteúdo-forma, necessidade--contingência, qualidade-quantidade, possibilidade-realidade, possível-provável etc., além das conexões singularidade-particularidade-universalidade etc. Uma útil tentativa de aproximação à problemática aí embutida, encontra-a o leitor em Henri Lefebvre (1969). Uma aproximação aos mesmos temas, segundo um ponto de vista "marxista-leninista", é acessível em A. Cheptulin (1982).

37. Cf., para uma visão abrangente da crítica filosófica do Marx de então, Lukács (1978). Para uma avaliação polêmica do "manuscrito de 1843", cf. o meu texto (Netto. 1983b) e a réplica de Benedicto A. Sampaio e Celso Frederico (1986).

lise do movimento do capital remete à análise do movimento das classes etc.). Como se verifica, na obra marxiana, se se a submete a um exame rigoroso e livre dos preconceitos acumulados pelas chamadas ciências sociais, a construção categorial, na sua articulação, na sua disposição e na sua hierarquia, obedece à *racionalidade do real* — e Marx explicitou-o suficientemente, quer na "Introdução" de 1857 (texto basilar para esta interpretação),[38] quer no posfácio à segunda edição do livro I d'*O capital* (Marx, 1983, I, 1, p. 15ss).

A crítica da vida cotidiana

É tempo de regressar ao pretexto destas disquisições ocasionais: a análise crítico-dialética da cotidianidade.

Exceto se se quiser arcar com os ónus do sociologismo (com a descrição impressionista e inorgânica de traços epidérmicos da cotidianidade), do positivismo e suas derivações (o registro "objetivo" das características fatuais da cotidianidade, tomadas na sua imediaticidade) ou do tendencial irracionalismo fenomenológico (com a instauração de "mediações" evanescentes, incontroláveis na sua redução especulativa), o tratamento consequente da vida cotidiana requisita o arsenal heurístico elaborado por Marx. E seu *ponto de partida* — não mais que isto — não pode ser outro que a crítica (contemporânea) da economia política do capitalismo (tardio).[39]

A problemática axial da vida cotidiana contemporânea é bem diversa daquela que Marx conheceu diretamente; reside não casualmente no conjunto de processos e fenômenos conducentes a uma

38. Cf. nota 27. Para compreender em profundidade o papel da *crítica* da economia política na elaboração categorial e na construção teórico-metodológica de Marx, cf. Lukács (1979, II).

39. Na sua diferencialidade, são imprescindíveis aqui as análises de Baran-Sweezy e E. Mandel.

forma peculiar de alienação, a *reificação*[40] — por mais distintos que sejam os enfoques da cotidianidade (quer o ontológico operado por Heller a partir de Lukács, quer o tendencialmente historicista de Kosik, quer o tratamento abstrato que lhe oferecem textos da "escola de Frankfurt"), todos coincidem nesta diagnose: o típico da vida cotidiana contemporânea, aquela própria do capitalismo tardio, é a reificação das relações que o indivíduo enquanto tal desenvolve.[41]

Enquanto a organização capitalista da vida social não invade e ocupa todos os espaços da existência individual, como ocorre nos períodos de emergência e consolidação do capitalismo (nas etapas, sobretudo, do capitalismo comercial e do capitalismo industrial-concorrencial), ao indivíduo sempre resta um campo de manobra ou jogo, onde ele pode exercitar minimamente a sua autonomia e o seu poder de decisão, onde lhe é acessível um âmbito de retotalização humana que compensa e reduz as mutilações e o prosaísmo da divisão social do trabalho, do automatismo que ela exige e impõe etc. Na idade avançada no monopólio, a organização capitalista da vida social preenche todos os espaços e penetra todos os interstícios da existência individual: a manipulação desborda a esfera da produção, domina a circulação e o consumo e articula uma indução comportamental que permeia a totalidade da existência dos agentes sociais particulares[42] — é o inteiro cotidiano dos indivíduos que se torna *administrado*,[43] um difuso terrorismo psi-

---

40. A análise luminosa da reificação foi mérito do Lukács de 1923 (cf. texto citado na nota 28). Uma análise didática e valiosa é a de L. Goldmann, "A reificação" (1967). Tratei do problema no meu *Capitalismo e reificação* (1981), do qual se resgatam algumas ideias aqui expostas.

41. Há poucas análises desenvolvidas especificamente sobre a problemática da alienação e da reificação nas sociedades pós-capitalistas. Um esforço nesta direção, fê-lo Heller, quando já se distanciando da postura do velho Lukács, no texto "Fetichismo o alienación" (1980).

42. Uma bela aproximação a esta problemática se encontra em Carlos Nelson Coutinho, "Kafka: pressupostos históricos e reposição estética" (1978).

43. Sabe-se que uma das teses centrais de Marcuse (1967) é precisamente a de que, a partir de um dado nível de desenvolvimento da sociedade capitalista, a dominação se escamoteia em administração.

cossocial se destila de todos os poros da vida e se instila em todas as manifestações anímicas e todas as instâncias que outrora o indivíduo podia reservar-se como áreas de autonomia (a constelação familiar, a organização doméstica, a fruição estética, o erotismo, a criação de imaginários, a gratuidade do ócio etc.) convertem-se em limbos programáveis.

A planificação global — aqui necessariamente vertical e burocrática — cobre a vida como um todo: da distribuição (destruição) ecológica ao conteúdo do lazer, do controle da mobilidade da força de trabalho ao *continuum* instrução formal/informal etc. A organização capitalista (monopolista) da grande indústria moderna modela a organização inteira da sociedade macroscópica, impinge-lhe os seus ritmos e os seus ciclos, introduz com a sua lógica implacável o relógio de ponto e os seus padrões em todas as micro-organizações.

A osmose generalizada desta lógica afeta até os "mundos paralelos" — ela os instrumentaliza a todos, inclusive aqueles que se arrogam o projeto de um romântico escapismo. E mesmo as organizações que se colocam como razão de ser e teleologia a sua ultrapassagem carregam o seu selo indelével — hierarquias, estratificações, centralismos, fluxos dirigidos de informação —, sem o que se lhes volatiza qualquer chance de eficácia.[44]

Num quadro sociocultural como este — que a mordacidade de Trotignon descreveu como a hospedaria universal, dormitório do gênero humano —, somente o recurso à crítica da economia política marxiana (com o aparato categorial e teórico-metodológi-

---

44. Entre outros fenômenos, inscreve-se aqui o da transformação dos partidos operários revolucionários do século XIX ("contrassociedades") nos aparatos do século XX ("contra-Estados"). Pode-se lamentar nostalgicamente que esses partidos tenham perdido o caráter de instâncias de retotalização humana dos indivíduos — evoque-se a comovente descrição de Marx, de 1844, das reuniões operárias —, mas a tarefa da teoria consiste em investigar a compatibilidade de tais organizações com o mundo burguês tardio.

co por ela desenvolvido) pode abrir a via à sua inteligência, porque o que aqui se *universalizou*, na imediaticidade da vida social, são os processos, peculiares ao modo de produção capitalista, que se encontram na base do mistério da forma mercadoria — que, então, dominam toda a organização social. Tais processos não envolvem apenas os produtores diretos: penetram e conformam a totalidade das relações de produção social *e das relações que viabilizam a sua reprodução.* Sob o salariato não se encontra mais apenas a classe operária, mas a esmagadora maioria dos homens; a rígida e extrema divisão social do trabalho subordina todas as atividades, "produtivas" e "improdutivas"; a disciplina burocrática transcende o domínio do trabalho *(labour)* para regular a vida inteira de quase todos os homens. E mais, fenômeno peculiaríssimo: a *visibilidade* do poder opressivo (outrora, por exemplo, o capitalista) se esvaneceu — ele é tanto mais eficiente em suas manifestações econômicas, sociais, políticas e culturais quanto menos é localizável; mais *funciona,* menos é identificável. A ubiquidade deste poder, desta weberiana autoridade "racional" e sem rosto, instala-se nos trilhos porque onde escorre o cotidiano (porque, aqui, a vida parece toda reduzida ao cotidiano, e este parece só configurar um eterno retorno, uma plena tautologia), surge nas ações da bolsa, nos regulamentos, no talonário de cheques, nas portarias, nos documentos, nos certificados — instala-se na parafernália que valida a cidadania. Está em todas as partes e não reside em lugar algum. Escamoteia os fluxos, as continuidades e as rupturas: dá ao viver a sequência da lanterna mágica — normas, trabalho, lazer etc., tudo é uma mescla inorgânica cujo único enlace é a sucessão no tempo e no espaço: a vida cotidiana se torna uma justaposição de objetos, substâncias, implementos.[45] A própria fantasia, infinito

45. Sucessão *aparentemente* caótica, que viabiliza uma *estratégia de classe* (burguesa) — que é impotente para impedir crises, fraturas, deteriorações e síncopes, mas que se tem revelado capaz de conviver com elas e, até, de administrá-las.

do possível, se abastarda; fuga, perde o húmus da historicidade. A ubiquidade do poder — inconcreto, gasoso e onipotente — esconde o poder na ubiquidade.

O caos imediato em que se configura o cotidiano da massa dos homens, porém, parece feito de *coisas* — mas não de coisas que se relacionam à natureza, ao mundo extra-humano. Ele é vivido e percepcionado como um conglomerado de coisas, dados e *fatos* sociais. *Esta faticidade* pela qual o ser social se revela na cotidianidade é o traço pertinente do capitalismo tardio.

Enquanto a produção mercantil transitava pela manufatura e pela industrialização incipiente, o trabalhador tinha a impressão de que o seu trabalho e o produto dele lhe eram estranhos porque *outro* (o capitalista, que ele identificava como uma pessoa ou um grupo de pessoas) os expropriava; na sociedade burguesa madura, além desta realidade, a esmagadora maioria dos homens, proletários e não proletários, tem a impressão de que a sua *existência* (mais que o seu trabalho e os frutos dele) é direcionada por uma instância alheia, incógnita, *impessoal* — uma instância *fatual,* que se manifesta pelo conta-gotas do institucionalizado: *coisas* organizadas como *a* família, *a* empresa, *o* colégio, *o* banco, *a* universidade, *a* companhia, *o* exército etc. (mil *etc.*). E, obviamente, esta outra *coisa* contra a qual ninguém pode nada, *o* Estado.

O que está em jogo, no centro da cotidianidade contemporânea, é a universalização do mistério que Marx localizou na forma mercadoria: a específica objetividade imediata instaurada nas formações econômico-sociais onde o modo de produção capitalista consolidou conclusiva e desenvolvidamente a sua dominância. Sem os instrumentos teóricos elaborados pela crítica da economia política marxiana é impensável o desvelamento da faticidade em questão e todas as suas decorrências na estruturação da vida cotidiana contemporânea.

A tomada da realidade de que a cotidianidade contemporânea é um nível constitutivo supõe a reconstrução reflexiva da sua ontologia, da totalidade concreta própria da sociedade burguesa madura. E a caça mais pertinaz das mediações é um imperativo para que a dissolução da opacidade imediata dos "fatos" cotidianos não redunde numa indiferenciação que substitui as passagens e conversões efetivas e reais que mantêm tenso o tecido social.

Exceto se nós, assistentes sociais, quisermos nos deter, na condição de profissionais que "programam" (ou concorrem para tal) a cotidianidade, nos umbrais da faticidade que põe a pseudoconcreticidade, a única alternativa para um tratamento consequente dela é exercitar uma análise que, em si mesma, plasma uma *crítica* da vida cotidiana. Para tanto, é irremediável o apelo a uma postura teórico-metodológica e a uma sistema categorial — aqueles que peculiarizam a obra marxiana — que, definitivamente, são alheios à nossa tradição formativa e operativa. É tempo de subverter esta tradição.

São Paulo, abril de 1987

Bibliografia

CHEPTULIN, A. *A dialética materialista*. São Paulo: Alfa-Ômega, 1982.

COUTINHO, Carlos Nelson. *O estruturalismo e a miséria da razão*. Rio de Janeiro: Paz e Terra, 1972.

_______. Kafka: pressupostos históricos e reposição estética. In: *Temas de Ciências Humanas*. São Paulo: Ciências Humanas, 1978.

DEBORD, G. *A sociedade do espetáculo*. Lisboa: Afrodite, 1972.

GARFINKEL, H. *Studies in ethnometodology*. Englewoord: Prentice Hall, 1967.

GOFFMAN, E. *La mise en scène de la vie quotidienne*. Paris: Minuit, 1973.

GOLDMANN, L. *Dialética e cultura*. Rio de Janeiro: Paz e Terra, 1967.

GOMBIN, Richard. *Les origines du gauchisme*. Paris: Seuil, 1972.

GOULDNER, A. *The coming crisis of western sociology*. Londres: Heinemann, 1971.

HELLER, Agnes. Fetichismo o alienación. *Argumentos*, n. 38, Madri, outubro de 1980.

_______. *O quotidiano e a história*. Rio de Janeiro: Paz e Terra, 1972.

_______. *Sociologia della vita cotidiana*. Roma: Riuniti, 1975.

_______. A estética de Lukács. *Revista Novos Rumos*, n. 3, São Paulo, julho-setembro de 1986.

HEGEL, G. W. *La phénoménologie de l'esprit*. Paris: Aubier-Montaigne, s.d.

_______. *Ciencia de la lógica*. Buenos Aires: Solar-Hachette, 1968.

KOSIK, Karel. *Dialética do concreto*. Rio de Janeiro: Paz e Terra, 1969.

KOFLER, Leo (S. Warynski). *La ciencia de la sociedad*. Madri: Revista de Occidente, 1968.

LEFEBVRE, Henri. *Critique de la vie quotidienne*. Paris: L'Arche, 1968-1981.

_______. *La vie quotidienne dans le monde moderne*. Paris: Gallimard, 1968.

_______. *Logique formelle, logique dialectique*. Paris: Anthropos, 1969.

LUKÁCS, Georg. *Estética*. I: La peculiaridad de lo estético. 1. Cuestiones preliminares y de principio. Barcelona-México: Grijalbo, 1966.

_______. *El joven Hegel y los problemas de la sociedad capitalista*. México: Grijalbo, 1968.

_______. *Introdução a uma estética marxista*. Rio de Janeiro: Civilização Brasileira, 1970.

_______. *História e consciência de classe*. Porto: Escorpião, 1974.

_______. *Ontologia dell'essere sociale*. Roma: Riuniti, 1976-1980.

_______. *Ontologia do ser social*, I e II (A falsa e a verdadeira ontologia de Hegel; Os princípios ontológicos fundamentais de Marx). São Paulo: Ciências Humanas, 1979.

_______. *Il giovane Marx*. Roma: Riuniti, 1978.

MARCUSE, Herbert. *Ideologia da sociedade industrial*. Rio de Janeiro: Zahar, 1967.

MARKUS, G. *Marxismo y "antropologia"*. Barcelona: Grijalbo, 1975.

MARX, Karl. *O capital*. São Paulo: Abril Cultural, I, 1. 1983.

MARX, Karl. *Para a crítica da economia política* e outros escritos. São Paulo: Abril Cultural, 1982.

_______. *Travail salarié et capital*. In: *Oeuvres/Economie*. Paris: Gallimard, I, 1965.

MEZSÁROS, I. *Lukács concept of dialectic*. Londres: Merlin Press, 1972.

NEIL, Henri. *De la médiation dans la philosophie de Hegel*. Paris: Aubier, 1945.

NETTO, José Paulo, *Capitalismo e reificação*. São Paulo: Ciências Humanas, 1981.

_______. *Georg Lukács. O guerreiro sem repouso*. São Paulo: Brasiliense, 1983a.

_______. A propósito da Crítica de 1843. *Nova Escrita Ensaio*, n. 11-12. São Paulo, Escrita, 1983b.

_______. *O que é marxismo*. São Paulo: Brasiliense, 1985.

_______. *Democracia e Transição Socialista*. Belo Horionte: Oficina de Livros, 1990.

SAMPAIO, Benedito A; FREDERICO, Celso. Marx, 1843. *Revista Novos Rumos*, n. 2, São Paulo, abril-junho de 1986.

SCHAFF, Adam. *O marxismo e o indivíduo*. Rio de Janeiro: Civilização Brasileira, 1967.

SÈVE, Lucien. *Théorie marxiste de la personnalité*. Paris: Editions Sociales, 1972.

SMART, B. *Sociology, phenomenology and marxian analysis*. Londres: Routledge & Kegan Paul, 1976.

THOMPSON, E. P. *A miséria da teoria*. Rio de Janeiro: Zahar, 1983.

VÁRIOS. *Conversando com Lukács*. Rio de Janeiro: Paz e Terra, 1969.

VÁZQUEZ, A. S. *Ciência e revolução*. Rio de Janeiro: Civilização Brasileira, 1972.

LEIA TAMBÉM

CRISE DO SOCIALISMO E OFENSIVA NEOLIBERAL

José Paulo Netto

Coleção Questões da nossa época - vol. 44

5ª edição (2012)

104 páginas

ISBN 978-85-249-1932-9

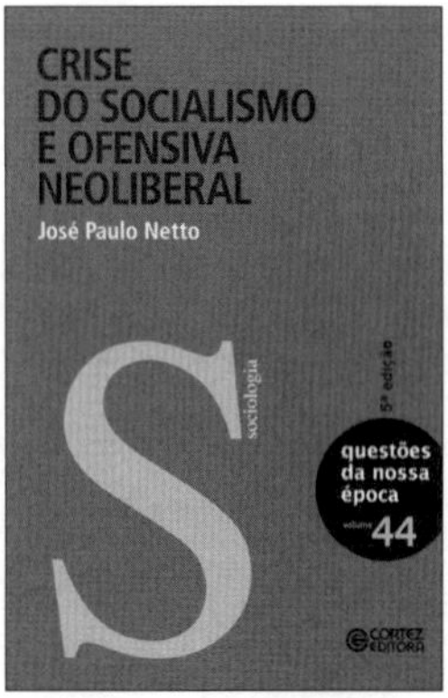

Neste volume, os temas são tratados sob uma perspectiva fortemente crítica. A crise do socialismo é abordada não como signo do "fim da história", mas como esgotamento de um padrão da transição social que compete ao período pós-revolucionário: a socialização do poder político e a socialização da economia. Já a ofensiva neoliberal é enfocada como expressão da incompatibilidade entre o capitalismo contemporâneo e as instituições democráticas.

GRÁFICA PAYM
Tel. [11] 4392-3344
paym@graficapaym.com.br